Bauwelt Fundamente 84

Herausgegeben von
Ulrich Conrads und Peter Neitzke

Beirat:
Gerd Albers
Hansmartin Bruckmann
Lucius Burckhardt
Gerhard Fehl
Herbert Hübner
Julius Posener
Thomas Sieverts

Wilhelm Kücker

Die verlorene Unschuld der Architektur

Aufsätze und Reden 1980 bis 1987

Friedr. Vieweg & Sohn Braunschweig/Wiesbaden

Der Verlag Vieweg ist ein Unternehmen der Verlagsgruppe Bertelsmann.

Alle Rechte vorbehalten
© Friedr. Vieweg & Sohn Verlagsgesellschaft mbH, Braunschweig 1989
Umschlagentwurf: Helmut Lortz
Satz: Satzstudio Frohberg, Freigericht
Druck und buchbinderische Verarbeitung: Lengericher Handelsdruckerei, Lengerich
Printed in Germany

ISBN 3-528-08784-6   ISSN 0522-5094

Inhalt

Vorbemerkung 7

1 Architektur und Gesellschaft 13

2 Architektur als Sprache 47

3 Schein und Sein 74

4 Über das Entwerfen 88

5 Architektur − Kunst des Bauens 101

Quellennachweis 133

Hinweise zu den Abbildungen 135

Vorbemerkung

Die Aufsätze und Reden aus sieben oder acht Jahren, die nun als Sammlung vorgelegt werden, sind zu ihrer Zeit in unterschiedlichen Fachzeitschriften schon einmal veröffentlicht, einige auch in anderen Publikationen noch einmal gedruckt worden.

Es sind, wenn man so will, Gelegenheitsarbeiten. Die Gelegenheit war aber immer nur der jeweils gesuchte und wahrgenommene Anlaß, mit eigenen Beiträgen an der Architekturdiskussion dieser Tage teilzunehmen.

Ich bin kein Architekturtheoretiker, sondern Architekt, der sich über die Grundlagen seines Tuns von Anbeginn Rechenschaft abzulegen versucht und der, auch als Lehrender, erfährt, daß das Bemühen um ein genaues Wort die Genauigkeit der eigenen Reflexion zu fördern hilft.

Seit ich vor 15 Jahren mein bisher einziges Buch, *Architektur zwischen Kunst und Konsum*, geschrieben habe, mache ich mir Gedanken über das Verhältnis von Tradition und Moderne, beschäftigt mich die Frage, ob Architektur – entzaubert, ihrer Unschuld beraubt – noch Bau*kunst* ist. Solche Überlegungen sind Anlaß und Inhalt dieser Texte.

Peter Neitzke, der sich dieser Sammlung angenommen hat, riet mir zu kritischer Durchsicht der ausgewählten Texte. Grundsätzlich sind die Beiträge jedoch als ‚Dokumente' ihrer Entstehungszeit nicht verändert worden.

Ich habe Peter Neitzke zu danken für seine Anregungen, seine Ermutigung, seine Hilfe, und Ulrich Conrads für seine umstandslos gegebene Zustimmung, diese Sammlung von Aufsätzen und Reden in die Reihe Bauwelt Fundamente aufzunehmen.

Im Sommer 1988   Wilhelm Kücker

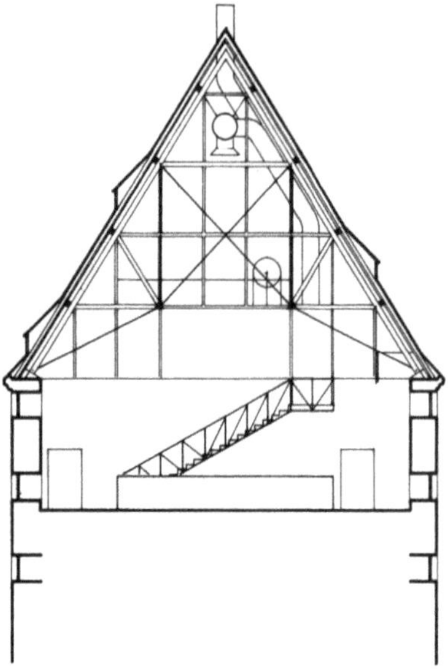

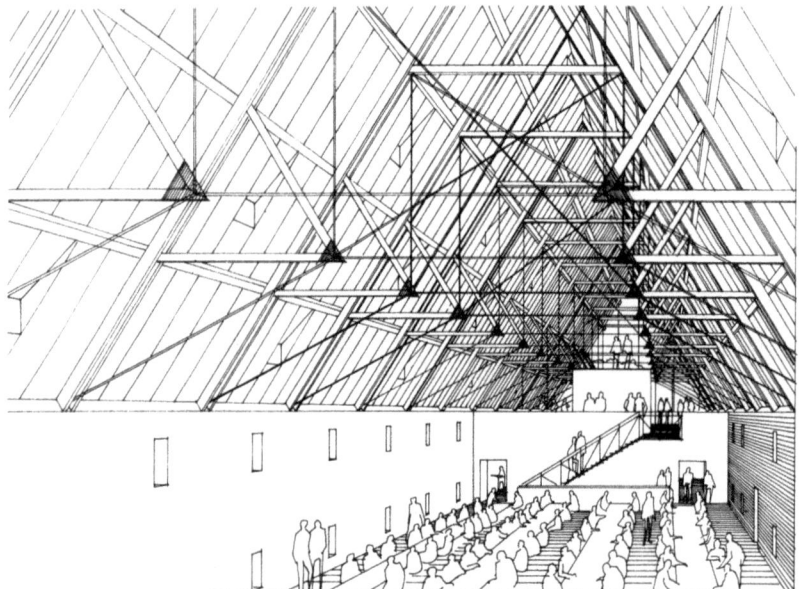

Stadtsaal im Getreidespeicher (1545), Eichstätt, Wettbewerbsprojekt (1. Preis) 1978

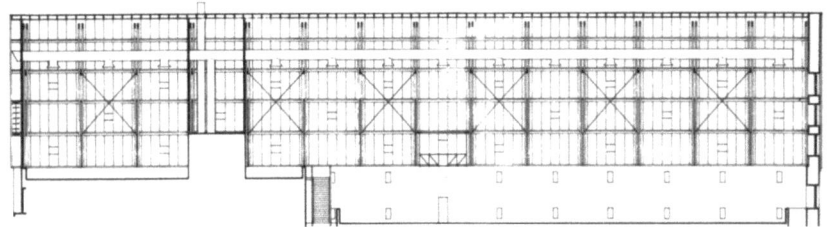

Stadtsaal Eichstätt

Kunstmuseum Aachen, Wettbewerbsprojekt (1. Preis) 1979, Planung bis 1986

1 Architektur und Gesellschaft

Baukunst — die öffentlichste der Künste

Die immer rücksichtslosere Besiedlung dieser Erde ist weltweit zum Problem geworden. In der Bundesrepublik Deutschland wird Jahr für Jahr Landschaft von der Größe des Bodensees verbaut und zubetoniert: vernichtet. Der Zustand dieser baulichen Umwelt, in der wir leben müssen, hat uns vergessen lassen, daß Architektur eigentlich Baukunst meint. Wenn die Häuser immer häßlicher, die Städte, Dörfer und ihr Umland immer unwirtlicher geworden sind, so hat das seine tiefste Ursache darin, daß unser Verhältnis zum Bauen sich grundsätzlich von dem vergangener Epochen unterscheidet: Architektur gilt uns heute weithin nicht mehr als kulturelles Ereignis, sondern bloß noch als ein wirtschaftlicher Vorgang.

Wie konnte es dazu kommen? Die Gründe wurzeln tief in der Vorgeschichte unserer jungen Republik. Den Beginn markieren physische Vernichtung — die großen Städte waren zu 50 bis 80 Prozent zerstört — und wirtschaftlicher Ruin. Hinzu kam die gesellschaftliche Leere, die das Nazi-Regime hinterlassen hatte. Gleichsam aus dem Nichts waren nicht nur Häuser und Städte wiederaufzubauen, mußte vielmehr das ganze Staatswesen von Grund auf neu verfaßt und eingerichtet werden.

Die wohl gebrochene, aber nicht vergessene demokratische Tradition der Weimarer Republik diente der neuen Bundesrepublik als Vorbild (und als Warnung!). Auch kulturell suchte sie Anschluß an die zwanziger Jahre. Für die Architektur hieß das: an das Bauhaus, an die Neue Sachlichkeit.

In den ersten Nachkriegsjahren waren nur die ganz primitiven Bedürfnisse wichtig, das Dach über dem Kopf. Aber die Notzeit-Mentalität überdauerte die Notzeit. Was sie an Gebautem hinterließ, ist nun unser Umweltproblem, unsere Not.

Architektur: nicht mehr kulturelles Phänomen

Bei uns läßt sich diese Einstellung bis ins 19. Jahrhundert zurückverfolgen, dessen Bildungswesen die Architektur den angewandten Wissenschaften zuordnete und die Architektenausbildung technischen Schulen und Hochschulen übertrug. An den wenigen Kunstakademien, an denen sie ehedem geübt wurde, fristet sie seither ein Schattendasein. Das Bauhaus war ein Versuch, die Architektur aus dieser Umklammerung durch die Technik wieder zu befreien. Ohne Erfolg: Man beharrte darauf (aus Überzeugung oder bloß aus Gewohnheit?), sie lieber dem Ingenieurwesen als den Künsten zuzurechnen.

Der Deutsche ist es gewöhnt, zivilisatorische und kulturelle Aspekte seines Daseins säuberlich auseinanderzuhalten, wobei alles, was deutscher Sprachgebrauch mit Zivilisation verbindet – den technischen Fortschritt beispielsweise –, für ihn zwangsläufig wichtiger wird, weil es das ist, was seinen Alltag beeinflußt. Dafür droht ihm das Kulturelle – eine Sache von Spezialisten – stets ins feiertägliche Abseits zu entgleiten: Kunst zum Beispiel.

Die Gewohnheit, Kunst, Wissenschaft und Technik nicht als kulturelle Einheit zu begreifen, mag mitverantwortlich sein, wenn Architektur – als technische Disziplin eingeordnet und damit nun einmal der zivilisatorische Entwicklung verpflichtet – sich seitdem vor allem um Funktionalität, das heißt um physische Annehmlichkeit bemühte. In erster Linie handelte sie jedoch im Auftrag einer Allgemeinheit, die sich entschlossen hatte, ihre Komfortwünsche allen anderen Bedürfnissen voranzustellen.

Die wirtschaftlichen Erfolge, die unser Land gerade auch dieser Haltung verdankt, verleiteten dazu, der Wirtschaft absolute Priorität einzuräumen. Alle waren sich einig: je stärker die Volkswirtschaft, desto größer das Wachstum, der Fortschritt, der allgemeine Wohlstand. Zwangsläufig dominierten auch im Bauen ökonomische und technologische Gesichtspunkte.

Bauen ohne Architekten

Nie zuvor in der Geschichte war Architektur einer Gesellschaft so wenig wert wie der unseren. Ein vordergründiges Zweckdenken unterdrückt alle Gefühlsregungen. Nur der meßbare Nutzen zählt. Phantasie aber läßt sich nicht messen, weswegen sie keinen Nutzen und also auch keine Daseinsberechtigung hat. So konnte es geschehen, daß Bauen mit Bautechnik gleichgesetzt wurde und zu einem nur noch mechanischen Prozeß verkam. Die Masse alles nach dem Krieg Gebauten hat mit Architektur nichts zu tun. Sie verdankt sich keinem künstlerischen Entwurf, ist lediglich Produkt einer Allianz aus Management, Planung und Ökonomie. Die meisten Architekten entwerfen keine Bauten, sie organisieren sie bloß.

Mit der zunehmenden Industrialisierung des Bauens veränderte sich auch das Tätigkeitsbild der Architekten bis zur Unkenntlichkeit. Die Mehrzahl verdient diese Berufsbezeichnung gar nicht mehr, wenn man sie an ihrer historischen Bedeutung mißt, entsteht doch der überwiegende Teil der Bauten ohne jeden gestalterischen Anspruch schematisch nach schlichtesten Typologien. Rationalisierung im Bereich der Produktion führt auch auf Seiten der Planung zu ständiger Wiederholung. Daß die Auftraggeber – Bauherren mag man sie nicht mehr nennen – anspruchslos geworden sind, stärkt die Haltung des Architekten als eines bloßen Technikers und Managers. Sie wollen ausdrücklich keine Architektur, sondern nur eine bestimmte Menge umbauten Raumes, und diese zum geringstmöglichen Preis.

Nutzungsunabhängigkeit wurde zum Vorwand für den Verzicht auf Gestaltung. Je glatter, je ungegliederter der Raumbehälter ist, um so zweckneutraler, um so vielfältiger ließ er sich einsetzen: Schule, Supermarkt, Garage, gleichviel! Architektur degradierte zur rasch konsumierbaren Fabrikware mit eingeplantem Verschleiß. Diese Bauten konnten nicht mehr in Würde alt werden, sie wurden sehr bald einfach nur schäbig. Die Lösung hieß: rationell, schnell und billig. Ihr widersetzte sich nur noch der eine oder andere Architekt. Das Planen und Bauen wurde unter die Gesetze von Produktivität und Profit gezwungen. Das Ergebnis: fertigungsgerechte Monotonie. Bald mag der Architekt in der Tat überflüssig geworden sein, weil nichts mehr zu entwerfen geblieben ist. Das mechanische Übersetzen von Programmen in umbauten Raum und sonst nichts besorgen auch Ingenieure, Techniker, schließlich Computer.

Die Verantwortung ist nicht teilbar

Gegen Ende der sechziger Jahre, der Silly Sixties, hatte uns erstmals eine Ahnung der engen Grenzen ergriffen, die einer besinnungslos auf Wachstum und Fortschritt setzenden Konsumgesellschaft gezogen sind.

Das Industriezeitalter hat sein Versprechen nicht einlösen können. Die Hoffnung auf ein besseres Leben durch Wirtschaftswachstum und technologische Entwicklung ist nicht in Erfüllung gegangen.

Man fragt sich, was eine Gesellschaft wert ist, in der nur Junge, Gesunde und Angepaßte gebraucht werden, in der der Einzelne nur noch als Arbeitskraft und als Verbraucher benötigt wird. Man fragt, welchen Sinn ein Arbeitsleben haben soll, das kaum Chancen zur Selbstverwirklichung in der Arbeit und durch die Arbeit mehr bietet.

Besonders die Jugend leidet darunter, daß es nicht mehr gelingen will, diesem Dasein Sinn abzugewinnen – die Jugend aller politischen Systeme, weil es keinem dieser Systeme geglückt zu sein scheint, die Veräußerlichung der Lebensinhalte aufzuhalten.

Mit den Zweifeln am Fortschrittsglauben wuchs das Unbehagen an einer Umwelt, die lange genug – allzu lange – im Namen dieses Fortschritts verbaut werden konnte. Die Kosten-Nutzen-Rechnung will nicht mehr aufgehen, seit die Frage des anzustrebenden Nutzens anders gestellt wird.

Von den Leistungen des Wiederaufbaus spricht man nicht mehr gern. Die zwölf Millionen neuen Wohnungen von damals lassen heute ja nicht mehr nur an die gewiß eindrucksvolle Quantität denken, sondern auch an die Unsumme der Versäumnisse, die sie einschließt.

Die Bürger sind nicht mehr ohne weiteres bereit, mit ökonomischen und technischen Sachzwängen begründete Eingriffe in ihre Umwelt ergeben hinzunehmen. Sie setzen sich mehr und mehr gegen die verordnete Sterilität und Monotonie zur Wehr.

Einer mit zunehmender Bürokratisierung wachsenden allgemeinen Apathie steht eine stets größer werdende Entschlossenheit gegenüber, sich unmittelbar in politische Entscheidungen einzuschalten, von denen die eigenen Lebensumstände abhängen.

Verantwortung für die gebaute Umwelt tragen alle. Sie ist nicht teilbar. Die Unwirtlichkeit unserer Städte ist eher ein gesellschaftliches als ein architektonisches Problem. Was Architekten dazu beigetragen haben, taten sie im Einvernehmen mit ihren Auftraggebern. Wer wollte von ihnen noch länger erwarten, daß sie Architektur hervorbringen, wenn Bauherren sie nicht verlangen?

Der Zustand unserer Umwelt ist das Abbild des Zustands dieser Gesellschaft. Daran wird sich nichts ändern, solange sich diese Gesellschaft nicht ändert. Das heißt aber: solange sich jeder Einzelne nicht ändert. Zwischen allgemeiner Einsicht und persönlichem Handeln klafft seit jeher ein Abgrund, versündigen wir uns doch jeder selbst tagtäglich gegen das, was wir – scheinbar unverbindlich für uns als Individuen – öffentlich und kollektiv einklagen möchten.

Reiche Gesellschaft – arme Kultur?

Daß die Kultur einer Epoche wesentlich von ihrer Architektur geprägt wird, lassen wir für die Vergangenheit uneingeschränkt gelten. Für die Gegenwart scheint uns diese Identität jedoch, merkwürdig genug, außer Kraft gesetzt zu sein. Bei unvoreingenommener Einschätzung des zeitgenössischen Standards im Bauen müßte eine der historischen vergleichbare Sichtweise freilich auf die Anerkennung unseres einzigartigen kulturellen Versagens vor der Geschichte hinauslaufen.

Historische Architektur hat immer Schönheit gesucht, auf seine bescheidene Weise alles Bauen. Erst aus unserer Welt hat sich das Schöne verflüchtigt. Was wir hervorbringen, ist zum alsbaldigen Verbrauch bestimmt und taugt danach bloß noch für die Müllhalde. In einer nurmehr auf schnellen Konsum programmierten Gesellschaft wird zwangsläufig auch Gebautes zum Wegwerferzeugnis.

Gemessen am erwirtschafteten Volksvermögen ist noch zu keiner Zeit auch materiell so wenig in das Bauen investiert worden wie in unserer. Wir dürfen jedoch grundsätzliche Unterschiede zwischen einst und jetzt nicht übersehen.

Die heutige Gesellschaft ist nach eigenem Verständnis eine Gesellschaft der Chancengleichheit im Gegensatz zur hierarchischen Gesellschaft der Vergangenheit, die uns kulturell stets als Vorbild dient. In der auf allgemeine Zustimmung angewiesenen neuen Gesellschaft regiert zwangsläufig das allein konsensfähige Mittelmaß, die Mittelmäßigkeit.

Der nach historischen Begriffen schier unvorstellbaren Vermehrung und Ausbreitung des Wohlstandes auf viele steht nun eine in der Geschichte ebenso beispiellose ästhetische Verarmung gegenüber.

Umgekehrt entwickelte sich die kulturelle Blüte zwischen Mittelalter und Neuzeit in einer Knappheitsgesellschaft. Noch um die Mitte des vorigen Jahrhunderts hatten kaum fünf Prozent der Bevölkerung an dieser Kultur Anteil. Armut und Elend kennzeichnen diese aus unserer zeitlichen Ferne so glanzvoll erscheinende Menschheitsepoche. Das darf über der Trauer um das, was wir für unser Versorgtsein eingebüßt haben, nicht vergessen werden. Lesen wir dazu den Zeitzeugen Ludwig Börne:

„Das Budget von Bayern beträgt 27 Millionen und die Zivilliste des Königs drei Millionen, als den neunten Teil des gesamten Staatshaushaltes. Ist es nicht ein herzzerreißender Jammer, daß der arme Häusler im Spessart, der sich glücklich schätzt, wenn ihm nur drei Tage in der Woche die Kartoffeln mangeln, den Schweiß seiner Hände versilbern muß, damit in einer 60 Stunden entfernten Stadt, die er nie gesehen hat, wohin er nie kommen wird, eine Glyptothek, eine Pinakothek, ein Odeon – Dinge, deren Namen er nicht einmal kennt – die üble Ruhmsucht seines Königs befriedigen."

Das zutiefst Irritierende ist, daß die baukünstlerischen Zeugnisse dieser Vergangenheit stumm sind. Was zählen heute Ursachen, Hintergründe, Entstehungsbedingungen, individuelle Schicksale? Sie sind an den uns überkommenen Bauten, an denen wir uns erfreuen (und an denen wir uns für die Defizite der eigenen Zeit schadlos halten möchten), nicht mehr ablesbar. Ihre Spuren sind getilgt. Was bleibt, ist ihre unmittelbare Wirkung auf uns Nachgeborene, diese unseren Weltschmerz anrührende Unwiderstehlichkeit, die uns in dem Gefühl zurückläßt, ein Paradies verloren zu haben, Verstoßene zu sein.

Es bezeichnet das gespaltene Bewußtsein unserer Epoche, daß man sich das Künstlerische, wenn überhaupt, nur als ein Zusätzliches vorzustellen pflegt, das im Falle der Architektur dem zu Bauenden als ein Extra um geringen Aufpreis – vergleichbar etwa der luxuriöseren Version eines Serienautos – hinzugefügt werden kann.

Das ist das andere Mißverständnis: Architektur als Design, und der Architekt, der, dem Industriedesigner gleich, erst nach Abschluß des eigentlichen Entwicklungsprozesses dazukommt, um dem Produkt noch ein verkaufsförderndes Image aufzuschminken. Die postmoderne Tendenz, die in der Manipulation der äußeren Schale, im schönen Schein ihr Ziel hat und sich darin erschöpft, macht sich wissentlich zum Erfüllungsgehilfen dieses Mißverständnisses und gibt einem ebenso oberflächlichen Publikum, was dieses Publikums ist.

Architektur: eine soziale Kunst

Ist Architektur Kunst wie andere Künste? Adorno definierte ihren Doppelcharakter als autonom und als *fait social*. Einerseits muß Architektur als gesellschaftliche Manifestation begriffen werden, andererseits ist der Architekt als Einzelner anzusehen, der sich eigenwillig zu Entwicklungen verhält, die er zu beeinflussen oder gar hinter sich zu lassen versucht. Gebautes reflektiert so zwar immer die kollektive Ideologie der jeweiligen Zeit, interpretiert sie aber stets zugleich auf individuelle Weise.

Spätestens seit Alberti versteht Architektur sich selbst auch als gesellschaftliches Agens. Sie ist die öffentlichste der Künste. Alles Gebaute erzeugt soziale Situationen, beabsichtigte und unvorhersehbare. Architektur ist unausweichlich. Jeder wird mit ihr konfrontiert, alle müssen mit ihr leben. Das gilt für die anderen Künste nicht.

Seit 1968 und den Folgejahren hat die gesellschaftliche Fragestellung – die sogenannte Relevanzfrage! – jedoch allzu einseitig die Gemüter beschäftigt und den Blick auf den sehr viel komplexeren Tatbestand verstellt.

Planungsgläubigkeit führte zur sogenannten Verwissenschaftlichung des Entwerfens, wobei der Begriff Entwurf richtigerweise durch Planung ersetzt wurde. Im übrigen breitete sich die Überzeugung aus, daß Umweltprobleme nur von den Betroffenen selbst gelöst werden könnten. Der Künstler-Architekt wurde zur gesellschaftlich unerheblichen Feindfigur erklärt. An seine Stelle gehörte der Architekt als Sozialanwalt, als Helfer zur Selbsthilfe. In den siebziger Jahren war statt künstlerischer Leistung nur noch gesellschaftliche Verantwortung gefragt.

Die klassische Ästhetik hatte die Architektur einst zur untersten in der Hierarchie der Künste erklärt, „denn das Material dieser ersten Kunst ist das an sich selbst Ungeistige – die nur nach den Gesetzen der Schwere gestaltbare Materie". Jenseits ihrer unvermeidlichen Bezogenheit oder Rücksicht auf das Bedürfnis, meinte Schelling, werde sie nur „schön", das heißt Kunst, „indem sie zugleich von sich selbst unabhängig, gleichsam die Potenz und die freie Nachahmung von sich selbst wird".

Es kann nicht genügen, die Funktion und die Konstruktion eines Gebäudes zum Inhalt und Thema der Architektur zu machen. Form ist vielmehr Ausdruck einer Idee, des geistigen Gehalts einer Aufgabe. Daß ihr auch in der Architektur, sofern sie als Kunst verstanden wird, Eigenständigkeit zukommt, belegt eine eigene, autonome Geschichte. Sie ist auf weite Strecken die Geschichte der Veränderung und Umdeutung tradierter Formensprachen und Typen und ihrer idealtypischen Weiterentwicklung – unabhängig von der gesellschaftlichen Funktion der Architektur.

Das Neue, das Kunst wesentlich ausmacht, beunruhigt, ist subversiv, verdächtig. Im Widerstand gegen das Künstlerische, weil Innovative, treffen sich Technokratie, orthodoxe Linke und bürgerliche Restauration. Innovation kann Kritik am bisher Geschaffenen sein. Sie beflügelt der Glaube, etwas Besseres schaffen zu können. Gerade in der künstlerischen – innovativen – Eigenschaft der Architektur liegt deshalb ihre soziale Chance und kritische Wirkungsmöglichkeit: im Widerspruch nämlich zu Alltag und Routine.

Architektur ist eben nicht nur Abbild oder Ebenbild gesellschaftlicher Zustände und Lebensweisen, sie kann auch Hoffnungen zum Ausdruck bringen und sollte imstande sein zu zeigen, was sein könnte anstelle dessen, was ist. Dem Leben Bilder zu bauen – so hatte Rudolf Schwarz einmal ihren Auftrag umschrieben.

(1987)

Moderne oder Postmoderne?
Architektur zwischen Idealismus und Realismus

> *Die tausend beängstigenden Probleme, mit denen sich Politiker, Politologen, Kommentatoren und Astrologen abquälen, sie haben tausend Namen und gehören tausend Themenkreisen an: von der Wirtschaft zur Moral, von der Pädagogik zur Finanzwissenschaft, von der Psychologie zur Kunst, vom Städtebau zur Rechtsprechung. Aber sie lassen sich alle auf ein einziges Problem zurückführen, das alle anderen hervorbringt. Es ist dies die zähe Weigerung der Nation, die moderne Welt zu akzeptieren. In unserer Mentalität hat sich zuviel Mittelalterliches und zuviel Barockes gehalten – und das in allen Bevölkerungsschichten und auch bei denen, die sich für modern und dem Zeitgeist angepaßt halten.*
>
> Corriere della Sera, August 1981

Die Moderne – ein idealistischer Entwurf

Modern ist die Haltung einer Epoche, die sich selbst als eine Zeit des Übergangs vom Alten zum Neuen empfindet, die sich aus allen historischen Bindungen löst, um fortan nur noch nach ihrem abstrakten Gegenentwurf zu leben.

Das moderne Bewußtsein unserer Tage wurzelt in der Aufklärung und wurde im Laufe des 19. Jahrhunderts virulent. Die Architektur-Moderne erwuchs aus der Reaktion auf die unmenschlichen Lebens- und Arbeitsbedingungen der Massen in den von frühkapitalistischer Ausbeutung heimgesuchten Industriemetropolen. Der eklektische Historismus konnte unmöglich die Antwort auf die Herausforderung des Maschinenzeitalters sein, eine überholte Formenwelt, die nicht nur ästhetisch, sondern vor allem moralisch zu verurteilen war.

Avantgarden wollen die Welt verändern. So entwerfen sie idealistische Utopien. Die Moderne bricht auf in den Revolutionsjahren nach 1917. Der russische Konstruktivismus ist die Architektur der ersten Stunde, Architektur für eine bessere Welt, eine gerechte Gesellschaft, für den neuen Menschen.

Auch die Architekten folgen der großen Verheißung grenzenlosen Fortschritts, der größtmögliches Glück für die größtmögliche Zahl verspricht und uneingeschränkte persönliche Freiheit bringen soll. Sie verstehen Architektur als Lebenshilfe.

Ihr Ziel war nicht, einen neuen Stil an die Stelle aller bisherigen zu setzen, sondern die von allem historischen Ballast freie Auseinandersetzung mit den neuen Aufgaben. Daraus sollte die verlorene Beziehung zur Wirklichkeit erneuert werden. Überlieferte Lösungen hatten ihre Vorbildlichkeit eingebüßt. Nicht die äußere Erscheinung zählte, sondern das Wesen der Dinge. Ästhetische Erwägungen hatten vor den grundsätzlichen zurückzustehen. Das hieß Entwerfen von innen nach außen: Der Körper ist wichtig, die Haut ist nur eines seiner Organe. Im Bewußtsein sozialpolitischer Verantwortlichkeit werden die menschlichen Bedürfnisse und das Mensch-Umwelt-Verhältnis neu befragt.

Aus dieser Voraussetzungslosigkeit entstand eine Architektur, die in der Tat keine Parallele in der Geschichte hat: eine Architektur eigener Art. Die Architekten der Moderne schienen darauf zu vertrauen, alle Probleme durch Vernunft lösen zu können, ihr Rationalismus suchte universelle Regeln und strebte nach endgültigen Formulierungen. Sie glaubten an das allgemeine Verständnis, weil sie von der Objektivität ihrer architektonischen Entscheidungen überzeugt waren.

Rationalität tendiert zur Einfachheit. Die notwendige Sparsamkeit der frühen Nachkriegsjahre unterstützte diese Tendenz. So erklärt sich auch die modernistische Obsession der Wohnung für das Existenzminimum. Wohnungsnot und chaotische Zustände in den industriellen Ballungszentren machten den Städtebau zur vordringlichen Aufgabe. Die visionären urbanistischen Modelle zeigten keine strukturelle Ähnlichkeit mehr mit der historischen Stadt. Diese schien untauglich, modernem Dasein noch Raum zu geben.

Typologische Forschung wurde zur Prinzipienfrage. Dahinter stand die Überzeugung, daß es für jeden Zweck den je eigenen optimalen Gebäudetyp geben müsse, der zu entdecken war. Die Frage nach der Einfügung in gegebene stadträumliche Zusammenhänge stellte sich gar nicht erst, weil Bestehendes ohnehin als obsolet galt.

Die neuen Potentiale der Epoche sollten zum Wohle der Menschheit, für die hochgesteckten humanitären Ziele eingesetzt werden. So kommt es endlich auch in der Architektur zur Bejahung, ja, zur Idealisierung der technischen Welt, zu eindringlicher Beschäftigung mit neuen Baumaterialien, Konstruktionsarten und Produktionsweisen. Die Faszination durch die Maschine beflügelt auch die Formgebung. Das Stichwort ist hier Maschinenästhetik.

Der Moderne stellte sich das Problem des Widerspruchs zwischen Kunstwerk und Gebrauchsgegenstand, der Antithese von Zweckfreiem und Zweckhaftem. Mit der Relativierung vermeintlich absoluter Wahrheiten hatte sich der subjektiven Deutung schrankenloser Raum eröffnet, änderten sich die Bedingungen von Kunst radikal. Wenn nichts wahr ist, dann muß alles erlaubt sein. Die Verpflichtung zur Wahrheit entfiel. Wirklichkeit schien nun nur noch da faßbar, wo sie ohne ästhetisierende Vermittlung darstellbar wird. Die Architektur wollte und konnte nicht Kunst sein, weil sie Realität suchte, will sagen: auf Objektivität angewiesen war. So war der Bruch mit der baukünstlerischen Tradition der Architektur unvermeidlich: Im Konflikt von ästhetisch motiviertem Handeln und Lebensnähe mußte sie sich für das Leben entscheiden.

Die europäische Avantgardezeit endete spätestens mit dem zweiten Weltkrieg. Was sich danach über die ganze Welt ausgebreitet hat, war nur noch das Surrogat einer bis zur Unkenntlichkeit verzerrten Architektur-Moderne. In der Massenhaftigkeit verloren sich ihre Ideale. Die soziale Vision zerlief.

Erst von der Maschine angezogen, wurde die Moderne schließlich zu ihrem Opfer, unter die Gesetze von Produktivität und Profit gezwungen. Rationale Einfachheit entartete zu rationeller Vereinfachung. Ihr platonischer Purismus, der seinen Sinn gehabt hatte in Kontrast zum Schwulst der Gründerzeit, verkam unter den Händen der Bauindustrie zu fertigungsgerechter Monotonie. So wurde die Moderne vermarktet.

Die bitterste Kritik trifft den modernen Städtebau. Indes: die angeprangerten Mißstände haben wenig zu tun mit den rationalistischen Entwürfen, aber alles mit der durch nichts gebremsten „Spekulation, die die Quantität der Städte um ein Vielfaches wachsen ließ und dabei ihre Qualität vernichtete" (Giulio Carlo Argan). Allerdings hatte auch das moderne Stadtbild seine charakteristischen Mängel. Das nach Funktionen eingeteilte Leben der Stadtbewohner konnte nicht ihr ganzes Leben sein.

Den Menschen als das eigentliche Ziel seines Projektierens hat der moderne Architekt tragisch verfehlt: „Daß man ihn nicht verstehe, wollte er keinen Augenblick. Aber es ergab sich so." Was Nathalie Sarraute über Mallarmé bemerkte, trifft auch auf ihn zu.

In der Rückblende erweist sich die Architektur-Moderne gerade nicht als die Architektur für die Massen, die sie selbst sein wollte. Die neue Sachlichkeit der großzügigen kommunalen Wohnungsbauprogramme wurde von der Bevölkerung eher als Schock erlebt. Die strenge Reduktion ihrer Formensprache überforderte die Öffentlichkeit. Durch Ornamentlosigkeit und Verzicht auf darstellende Symbolisierung beraubte sich die Architektur wichtiger Ausdrucksmittel. Sie meinte, das Ornament entbehren zu können, „weil es Symbol unerfüllter Hoffnungen war, die nun gestillt sein sollten" (Klaus Horn). Im undifferenzierten Kampf gegen das Ornament verwischten sich aber die Grenzen zwischen totem Dekor und dem freien Spiel der Phantasie unnötig. So hatte die Architektur ihren Teil an der beklagten Entzauberung dieser Welt.

In der zu monotoner Leere heruntergekommenen Masse der Nachkriegsarchitektur blieben emotionale Bedürfnisse vollends unbefriedigt. Um so ungehemmter kam es zum Rückzug in den Kitsch, ins stille Glück im Winkel, sofern man sich nicht schon immer dort aufgehalten hatte.

In diese Situation dringt nun der Postmodernismus ein, um diesem Publikum – wenig zeitgenössisch, wie der Kommentator des Corriere della Sera (seine Landsleute im Blick) feststellt – zu geben, was es liebt und was es versteht.

Die Postmoderne – ein realistischer Gegenentwurf?

Die Tendenzwende vom Modernismus zu einem neuen Konservativismus fällt zusammen mit der Krise des Fortschrittsglaubens. Erreicht ist das Ende einer Epoche der Sorglosigkeit und der Sorgenlosigkeit, in der jeder erwartete, daß es immer nur vorwärts gehen werde. Das Industriezeitalter hat sein Versprechen nicht einlösen können. Statt in dem erwarteten Paradies der Freiheit von Hunger, Krankheit und Armut finden wir uns wieder vor den Pforten einer Hölle apokalyptischer Bedrohungen und Ängste. An die Stelle des Optimismus früherer Jahre ist tiefe Skepsis getreten. Der innovative Elan scheint gebrochen.

Zeit für die Postmoderne. Was sie will, ist in allem das Gegenteil der Moderne. Und das ist zugleich auch schon ihre Definition. Sie geht auf in konservativer Opposition, ein reaktives Phänomen. Wen wundert es da, daß ihr auffälligstes Merkmal Rückbesinnung auf die Tradition ist, die die Moderne verlassen hatte? *La Presenza del Passato:* in Venedig, auf der ersten Architekten-Biennale wurde 1980 die Gegenwart der Vergangenheit beschworen. Eine Geisterbeschwörung? Soll die Zukunft paradoxerweise in der Vergangenheit liegen?

Die Moderne hatte den neuen Menschen im Blick. Sie wollte ihn mitentwickeln helfen. Weil sie ihn aber nicht erreichte, indem sie ihn zu sich emporzuheben trachtete, um ihm zeigen zu können, was er sich wünschen sollte, geht die Postmoderne den umgekehrten Weg: Sie neigt sich jedermann zu, um von ihm zu erfahren, was er sich tatsächlich wünscht. Die Postmoderne möchte die von den Architekten der Moderne – ungewollt! – vertiefte Verständigungskluft überbrücken. Deshalb sucht sie sich auf Vorgegebenes, schon Gesehenes, mutmaßlich Vertrautes zu beziehen. Sie möchte es im Rückgriff auf den Formenvorrat finden, den eine mehrtausendjährige Baugeschichte bereithält, im Appell also an das architektonische Gedächtnis; sie hofft es in der Erinnerung an regionale, lokale Bautraditionen zu finden, wie gebrochen oder verkümmert diese inzwischen auch sein mögen, und erteilt damit zugleich dem heimatlosen Internationalismus der Moderne eine Absage; schließlich meint sie es auch zu finden in der Vereinnahmung der Alltagswelt, des Gewöhnlichen, der Trivialität, die uns umstellt und für die die Vertreter der Neuen Bauens natürlich nur Verachtung kannten. Lernen von Las Vegas. Vielleicht. Aber was bleibt den Architekten da eigentlich noch hinzuzuerfinden?

Die moderne Theorie zielte monistisch auf kulturelle Vereinheitlichung aller Lebensäußerungen, auf das Gesamtkunstwerk Leben. Dagegen möchten die unterschiedlichen postmodernen Richtungen die widersprüchliche Fülle einer als pluralistisch erkannten Wirklichkeit reflektieren. Eine neue Subjektivität ist die Folge. Wo alles möglich wird, ist alles erlaubt. Alles ist Architektur. Nach der Prohibition nun die Libertinage!

Jetzt hindert auch die Architektur nichts mehr, wieder Baukunst, autonome, sich selbst setzende Kunst zu sein, Mutter der Künste. Die Ästhetik – von der Architektur-Moderne vertrieben – soll in ihre angestammten Rechte wieder eingesetzt werden. Gefragt ist vor allem Fassadenkunst, nachdem die Moderne das Äußere, das Bildhafte ihrer Bauten, so unnötig vernachlässigt hatte. Aber es ist eine Kunst mit ausgetauschten Vorzeichen: eine Kunst, die nicht durch Innovation beunruhigen, sondern durch Konvention in wohlige Stimmung versetzen möchte. Also überhaupt noch Kunst? Ich komme auf diesen Punkt zurück.

Die Architektur der Postmoderne, kann sie für sich beanspruchen, ein realistischer Gegenentwurf zur Architektur der Moderne genannt zu werden?

Zwischen Moderne und Postmoderne

Jetzt heißt es abwägen, die Argumente *für* die Postmoderne und die Argumente *gegen* die Moderne wichten. Denn nach diesem Muster läuft die Debatte, weil ein Klima entstanden ist, mehr oder weniger in der ganzen westlichen Welt, in dem die Moderne und ihr Entwurf – nicht nur in der Architektur – als Idee und Haltung verloren gegeben zu werden droht. Zwei Jahrzehnte nun schon, genauer: seit der 68er Unruhe, wird „diese große, umfassende Utopie der ersten Jahrhunderthälfte" (Adolf Max Vogt) zunehmend angezweifelt, demontiert, lächerlich gemacht. Die Kritik macht keinen Unterschied zwischen der Idee und ihrer nachträglichen Korrumpierung durch kommerzielle Ausbeutung, so „als könne die Korrumpierung eines Gedanken den Gedanken selbst vernichten" (Heinrich Klotz).

Nach landläufiger Meinung ist die Architektur der Moderne verbraucht, am Ende, eine Leiche – untauglich für Wiederbelebungsversuche. Für Jürgen Habermas ist die Moderne ein unvollendetes Projekt, das noch seiner Vollendung harrt. Ich selbst glaube, wir wären schlecht beraten, wollten wir es vorzeitig aufgeben, weil es ja noch gar nicht zum Zuge gekommen ist, vielmehr in einem sehr frühen Stadium seiner Entwicklung jäh abgebrochen wurde. „Verbraucht" ist deshalb gewiß nicht das richtige Wort. Das Projekt ist bisher noch gar nicht erprobt, nur mißbraucht worden.

Vergessen wir nicht, daß die Architektur-Moderne in ihrer Zeit das isolierte Werk einer Minderheit blieb. Verspielen wir also nicht die Chance auszuschöpfen, was an Leben ungeweckt in ihr ist.

Selbstverständlich müssen wir aber die Prinzipien und Ziele der modernen Theorie an den seither vielfach gewandelten Verhältnissen, an den hinzugewonnenen Einsichten, an der Erweiterung unseres Bewußtseins

Museum Aachen, Wettbewerbsprojekt

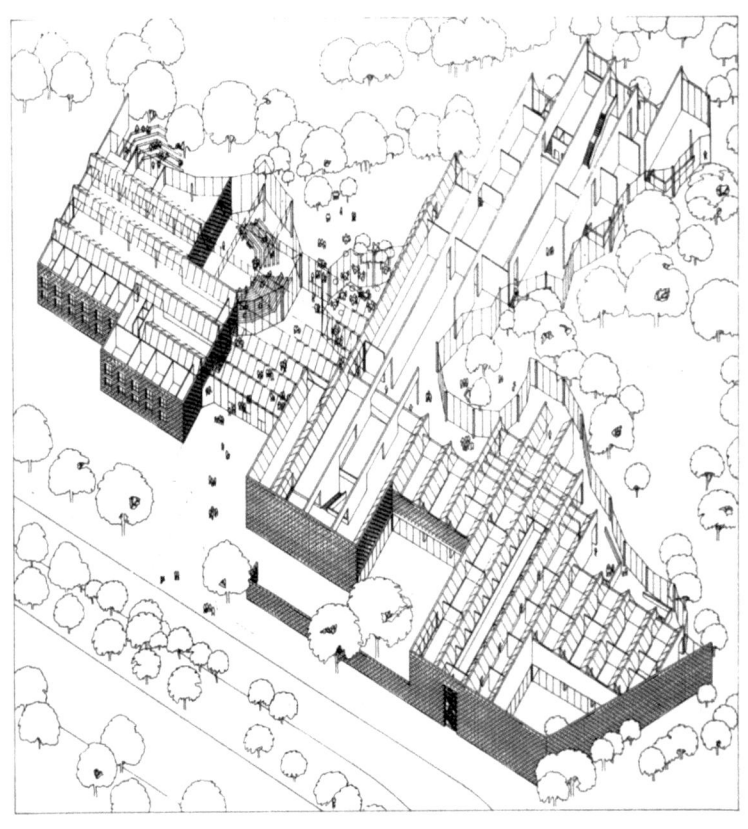

Museum Aachen, Wettbewerbsprojekt

überprüfen und relativieren. Vieles gilt gewiß uneingeschränkt noch heute, anderes erweist sich, ein halbes Jahrhundert nach seiner Formulierung, als zeitbedingt. Noch aus den Verirrungen aber, die das Projekt begleitet haben, können wir lernen. Und nicht zuletzt haben wir die Erfahrungen zu beherzigen, die uns die Postmoderne geschenkt hat. Das ist nicht ironisch gemeint!

Noch einmal: Ist Bauen eine schöne oder eine soziale Kunst? Der Architekt als Sozialanwalt der Unterprivilegierten und der Architekt als der privilegierte Künstler stehen für die jeweiligen Außenseiterrollen von Moderne hier und Postmoderne dort. Und, o Wunder: *Les extrèmes se touchent.* Beide kommen, wenn auch aus sehr unterschiedlichen Gründen, schon jeder nicht mehr dazu, selber zu bauen.

Bleiben wir zunächst bei der Kunst. Architektur heute und Architektur gestern sind nicht mehr das gleiche. Wir registrieren die Geschichte des fortschreitenden Identitätsverlusts einer Disziplin, die im Zeitalter des Humanismus, auf den sich die Postmoderne wieder bezieht, eigene Gesetze entwickelt hatte, die zwischen dem 18. und 19. Jahrhundert infrage gestellt werden. Mit dem Verlust des einheitlichen Weltbildes fallen „Kunst" und Leben auseinander. Kunst umgreift das Leben nicht mehr, bleibt ohne Einfluß auf den Alltag. Das Kulturelle als Sache von und für Spezialisten gerät aus der Sicht des Alltagsmenschen ins feiertägliche Abseits. Das ist die ganze Erklärung für die Verständigungsprobleme zwischen der Architektur und ihren Benutzern und Betrachtern.

Nun war es zwar gerade das Bemühen der Moderne, diese Parallelentwicklung wohl als unabänderlich hinzunehmen, aber doch gleichzeitig die auf der Kulturseite sich sammelnden Einsichten für die Gestaltung der Lebensverhältnisse nutzbar zu machen. Nur mißlang dieser Versuch, die verlorene Identität – auf neuer Grundlage – zurückzugewinnen, die Grenzaufhebung zwischen Kunst und Leben. Und so ist das Problem geblieben. Im Zweifelsfall gehört die Architektur zum Leben und muß ihrem Kunstcharakter entsagen.

Ich hatte dazu noch etwas zu bemerken wollen, als ich den Kunstbegriff der Postmoderne anzweifelte. Für mich bleibt das „Neue" immer noch das wichtigste ästhetische Kriterium für den Rang von Kunst. Ist es nicht so, daß Kunst keine Regeln kennt, aber immer wieder erklärt und auf Begriffe gebracht wird, die sie dann immer wieder überholt? Daß Kunst, weil das Unbekannte den gerade herbeigeführten Konsens über ihre Werte gleich wieder aufhebt und die Idee zerstört, nicht Sinn stiften kann? So ist Kunstwahrnehmung ein Akt des Staunens, oftmals gepaart mit Erschrecken vor diesem Unbekannten, das nicht selten auch Aggressionen auslöst. Furcht vor der Kunst ist daher verständlich. Wohl ist Bauen eine Kunst, aber es ist nicht Kunst schlechthin, kann es nach dieser Definition unmöglich sein.

Der zu erwartende Einwand, daß es von Michelangelo und Balthasar Neumann bis zu Leo von Klenze nicht die soziale Frage war, die den Architekten auf den Nägeln brannte, führt uns nicht weiter, beweist allenfalls einmal mehr, wie sehr sich die Welt seither verändert hat. Und wenn wir auch die Gretchenfrage nach unserer sozialen Religion schon nicht mehr hören mögen, es bleibt dabei: Ästhetische Lösungen können heute, weniger denn je, von ihren materiellen Bedingungen und sozialen Folgen abstrahiert werden. Nur ihre soziale Komponente sichert der Architektur ihren Rang für das Leben.

Eine soziale Frage — nicht nur eine ästhetische, wie die postmoderne Diskussion glauben machen könnte — ist auch die Frage nach der Verständlichkeit. Die Signale der Entfremdung wurden nicht erst von den Postmodernen vernommen. Architektur, die ihren gesellschaftlichen Auftrag ernst nimmt, muß um Verständlichkeit für alle bemüht sein. Soll sie den Auftrag erfüllen, menschlichem Dasein den baulichen Rahmen zu geben, mit dem der Einzelne sich eins fühlen kann, dann wird jeder Einzelne sie auch verstehen müssen. Verständlichkeit ist die unabdingbare Voraussetzung für das Gefühl der Vertrautheit. Ich erinnere an Ernst Blochs Definition von Architektur als eines Produktionsversuchs menschlicher Heimat.

Der semiotische Versuch, Architektur als Sprache zu interpretieren, kann hier hilfreich sein. Sprachverständlichkeit setzt Verabredungen über Wortschatz und Satzbau voraus. Sie ist ohne Konventionen nicht vorstellbar. Dagegen darf das zulässige Maß an Innovation nur klein sein.

Diese Feststellungen stehen natürlich im Widerspruch zu „meinem" Kunstbegriff wie auch zu dem — nicht a priori künstlerisch motivierten — hohen Innovationsanspruch der Architektur-Moderne. Sie können ihren Mißerfolg in der Öffentlichkeit erklären.

Die linguistische Betrachtungsweise war schon der Moderne nicht fremd. Wenn Le Corbusier vom „Spiel der unter dem Licht versammelten Baukörper" schwärmte und überzeugt war, daß jeder sie intuitiv begreifen und schön finden müsse, dann glaubte er, wie andere mit ihm, an die unmittelbare Verständlichkeit einer Sprache der Abstraktion, deren neue Formen von Vor-Bedeutungen unberührt waren. Der Zusammenhang von Neuem Bauen und ungegenständlicher Kunst ist evident:

Man hatte sich ja auch dort der Illusion hingegeben, daß die abstrakte Kunst zu einer Weltsprache werde.

Die Formen der Moderne waren zu neu. Sie haben diejenigen, für die sie gedacht waren, je nachdem schockiert oder gleichgültig gelassen. Kehren wir also zum Altbekannten zurück, zu den geschichtlich überlieferten Formen, zur Tradition! Der Schluß scheint einleuchtend.

Aber: Man kann nicht über Formen sprechen, ohne sich darüber Rechenschaft zu geben, was sich dahinter verbirgt. Die architektonischen Formen existieren niemals, ganz gleich, wie zusammenhanglos oder verfremdet sie auch gebraucht werden mögen, ohne ihre ursprünglichen politischen und sozialen Bedeutungen. Wer mit der Sprache der Architektur reden und auch verstanden werden will, muß wissen, welche Gedanken sich dadurch beim Betrachter einstellen. Es könnte sonst sein, daß er an ihnen vorbeiredet.

Alle klassizistischen Architekturen, von der italienischen Renaissance über die französische Revolutionsarchitektur, der Monumentalarchitektur der amerikanischen Hauptstadt bis zu Stalin und Hitler, wußten genau, was sie ausdrücken wollten, als sie sich auf „die Antike" beriefen. Ihr historischer Bezug war eindeutig ideologisch gemeint, nebenbei auch ästhetisch.

Die Postmoderne hingegen meint es – da möchte ich sie sogar vor ihren Totalitarismus-Kritikern in Schutz nehmen, die ihr zu viel Ehre antun – nur ästhetisch. Ihr Verhältnis zur Geschichte ist auf eine entwaffnende Weise ungeschichtlich. Das ist der eine Einwand.

Der andere ist der, daß sie sich auf das gefälschte Geschichtsbild einer Vergangenheit bezieht, die es so nie gegeben hat. Die verführerischen Veduten einer neu-alten Stadtbaukunst zeigen uns nur den schönen Schein einer Zeit, der sie entliehen sind. Sie verbergen, daß hinter solchen Fassaden gehungert und gefroren wurde. Wollen wir dahin zurück? Treibt uns wirklich Rousseausche Sehnsucht? Es ist unrealistisch anzunehmen, man könne sich aus der Geschichte, aus allen Geschichten, nur überall das Angenehme heraussuchen. Der Ruf nach dem Zurück zu den vorindustriellen Lebensformen, weil uns das Bild der Stadt vor der Industrialisierung so verlockend erscheint, ist unbedacht, nein: unredlich. Er wirft ein bezeichnendes Licht auf unseren scheinheiligen Traditionalismus.

Wer wollte heute noch darauf beharren, daß die Modernen gut beraten waren, der historischen Stadt so radikal den Rücken zu kehren und deren in Jahrtausenden entwickelte Strukturelemente zu opfern? Aus ihrer Sicht hatten sie dafür allerdings gute Gründe. Nur: der heute so schmerzlich empfundene Verlust städtischer Öffentlichkeit ist mitnichten eine Folge dieser Entscheidungen, sondern verdankt sich denselben Gründen, die die modernen Architekten zu ihrer Entscheidung veranlaßten. Die Ursachen für das Chaos und die Monotonie der neuen Stadt sind im gesellschaftlichen Leben zu suchen, nicht in der Ästhetik. Deshalb ist es naiv, durch den Versuch der Wiederherstellung des historischen Stadtraums einer untergegangenen Stadtkultur diese selbst wieder beleben zu wollen. Stadtbaukunst löst die komplexen Probleme der Stadt nicht. Ästhetik ist – leider – kein Heilmittel ihrer sozialen Krankheit. Die Ursache ihrer „Unwirtlichkeit" bleiben davon unberührt.

Vor dem Hintergrund der Behausungsprobleme in den Armenhäusern dieser Erde wird die postmoderne Position, ihr Ansinnen, die häßlich gewordene Welt wenigstens einer Schönheitsoperation zu unterziehen, endgültig frivol, weil, mit Brecht zu sprechen, über Kunst nicht mehr zu streiten ist, wo das Leben selbst zur Kunst geworden ist. Wollen wir die Augen davor verschließen, daß der neue Historismus in weiten Bereichen nur Anbiederung an ein nostalgisch eingestimmtes Publikum ist? Der Ausstieg aus der Gegenwart findet heute immer Applaus.

Die Postmoderne Architektur, die ihre raison d'être ganz wesentlich aus der Kritik an den kommerziellen Degenerationserscheinungen der Moderne gewann, ist bereits demselben Schicksal anheimgefallen, das unsere Konsumgesellschaft letztlich allem bereitet: ihrer Vermarktung. Ihre Eignung für eine gewinnsteigernde Absatzförderung wurde rasch erkannt. Deshalb noch einmal die Frage: ist diese Architektur also doch nicht Kunst, sondern bloß eine Dienstleistung?

Die Moderne hatte auf unbedingte Zeitgenossenschaft gesetzt. Aber der Mensch ist – ich erinnere an den Zeitungskommentar – nicht auf der Höhe der Zeit. So erweist sich der Innovationsanspruch der Moderne im nachhinein als überzogen. Veränderte Lebensformen scheinen zwar nach veränderter Gestalt zu verlangen, jedoch waren auch die Bedingungen der neuen Welt so vollständig neu nicht. Vor allem setzt die menschliche Natur den Veränderungen selbst ihre Grenzen.

Übrigens entstand auch die Architektur-Moderne nicht aus nichts. Was wäre Le Corbusier ohne Antike und mediterrane Tradition, was Mies van der Rohe ohne Schinkel? Gerade Le Corbusiers Suche nach der Zeitlosigkeit des Archetypischen und sein Vertrauen in die Emanationskraft von Urformen deuten die Richtung an, in der Geschichte, die Botschaft der Vergangenheit, helfen kann, unsere Gegenwart zu verstehen und zu gestalten: in ihrer Aneignung im Sinne einer selbständigen und selbstbewußten Weiterentwicklung vorausgegangener Entdeckungen und Erfahrungen. Weil Architektur niemals nur das Ergebnis individueller Kreativität ist, sondern die kollektive Leistung einer ganzen Gesellschaft und über lange Zeiträume hinweg.

Kein Abschied von der Architektur-Moderne

Der Architektur der Moderne ist immer wieder vorgeworfen worden, ihre rationalistische Methode habe sie für die emotionalen Ansprüche der Menschen blind gemacht. Das ist ohne Frage richtig, solange man von der These einer einheitlichen modernen Bewegung ausgeht, die etwa von den durch die CIAM verbundenen Architekten repräsentiert wäre, und solange man die individuellen Beiträge außer acht läßt, die sie ebenso entscheidend mitgeformt haben. Sie machen das Bild vielfältig und zeigen die Moderne keineswegs nur rational determiniert. Le Corbusier, obwohl sogar Vater der CIAM, hat eine so einseitige Denkweise stets verächtlich der Provinz des Akademismus zugeordnet. Für ihn war Architektur immer Synthese aus Rationalismus und Sensualität.

Wenn wir die Tradition der Moderne wieder aufleben lassen wollen, sollten wir uns gerade jener Strömung besinnen, die durch Namen wie Bruno Taut oder Hugo Häring und vor allem Alvar Aalto umschreibbar ist, weil sie für eine Architektur reich an psychologischen und sensorischen Reizen stehen, für eine Architektur, die von Kritik bisher verschont geblieben ist. Gerade Aaltos Werk stellte sich nach dem Krieg gleichzeitig als Fortsetzung der Moderne und als Alternative.

Im Abwägen von Moderne und Postmoderne zeigt sich die Ungleichgewichtigkeit. Der Postmodernismus kann nicht für sich beanspruchen, eine der Moderne ebenbürtige Theorie genannt zu werden. Die unter seinen Begriff gebrachten antimodernen Tendenzen sind sämtlich nichts als ästhetisch motivierte Reaktionen, die, isoliert wie sie sind, nur darin ihre Gemeinsamkeit haben, daß sie die Erscheinungen der Dingwelt schon für das Ganze nehmen möchten.

So zeigt sich keine Alternative zur Moderne. Deren heroische Jahre sind vorüber. Der kämpferische Geist, aus historisch einsichtiger Rebellion gegen die politische und kulturelle Wirklichkeit gewonnen, führte letztlich in einen Realitätsverlust. Das Ziel hier und heute muß sein, den Idealismus der modernen Utopie mit dem postmodernen Realismus, die Reinheit der Theorie mit der widersprüchlichen Komplexität der Praxis

sich verbinden zu lassen. Das ist die Lehre, die uns der Antimodernismus mit auf den Weg der Erneuerung der Moderne gibt. Insofern sollte auch dieses Purgatorium nicht umsonst gewesen sein.
(1981)

Demokratie und Ästhetik — Widerspruch in sich?

Ist es nur ein Vorurteil — wie Adolf Arndt uns mit seiner Rede über die Demokratie als Bauherr beweisen wollte —, daß Demokratie ihrer Natur nach amusisch sei, unfähig, sich in der Architektur darzustellen und ihr Ethos im Bauen sichtbar zu machen? Autoritäre Regime haben jedenfalls bis in die Gegenwart hinein der Baukunst als Mittel der Selbstdarstellung ganz andere Entfaltungsmöglichkeiten geboten. Erlaubt diese Beobachtung bereits den Schluß, daß Demokratien kulturell grundsätzlich ärmer sind? Daß die größere Freiheit des Einzelnen in der Gesellschaft nur um diesen Preis zu haben ist?

Die Architektur ist eine abbildende Kunst. Sie „warnt nicht durch alarmierende Prognosen, sondern durch den Stand der Dinge" (Kasimierz Brandys). In ihr spiegelt sich die gesellschaftliche Wirklichkeit unverfälscht. Weil bauliche von sozialer Gestalt abhängt, ist der anscheinend unaufhaltsame Niedergang der visuellen Kultur nur das Ebenbild eines fortschreitenden Verfalls der gesellschaftlichen Zustände. Er hat wenig zu tun mit dem schöpferischen Menschen, alles aber mit den Verhältnissen, in denen er sich findet. Wer noch leichthin von Architektenschuld und -willkür redet, der überschätzt vollständig die Rolle, die der Architekt in dieser Gesellschaft spielen darf.

Wie haben wir das architektonische Bild der Bundesrepublik zu deuten? Versinnbildlichen die immer gleichen, eintönigen Wohnblöcke etwa die Gleichheit ihrer Bewohner vor dem Grundgesetz? Ist Monotonie das ästhetische Äquivalent zur sozialen Egalität? Oder symbolisieren die den „Römer" so himmelhoch überragenden Türme der Banken und Versicherungen nur die tatsächlichen Machtverhältnisse im neu genannten Frankfurt? Nicht mehr die Kathedrale, sondern der Kommerz darf diese Stadt weithin sichtbar und auch für alle einsichtig krönen (?). Und was sagen uns die Stacheldrahtrollen, hinter denen sich Bonner Ministerien seit vergangenen Terrorismustagen immer noch verbarrikadieren? Sind das die neuen Statussymbole für politische Präpotenz? Ist all dies in summa das ebenbildliche architektonische Gesicht einer sozial geheißenen Gesellschaft?

Die Bundesrepublik Deutschland sei kein Staat wie jeder andere, wird behauptet. Nur fällt es schwer zu sagen, was sie dann ist: provisorischer Rumpfstaat oder Nachfolger des Deutschen Reiches, Endzustand oder Warteposition in der Geschichte?

Mangel an Kontinuität, der Verlust von Tradition und ein schlecht entwickeltes Erinnerungsvermögen unterscheiden die deutsche von jeder anderen Nationalgeschichte. Was stiftet den Bürgern der Bundesrepublik, diesem „Zerrbild einer Gesellschaft mit beschränkter Haftung zur Vermehrung von Sozialprodukt und sozialer Sicherheit" (so der Historiker Michael Stürmer) Sinn und Zusammenhang? Sie haben sich von ihrem modernen Versorgungsstaat, dessen Kehrseite der Genehmigungsstaat mit seiner „Diktatur der Bürokratie" (Otl Aicher) ist, willig entmündigen lassen. In Deutschland wird die Freiheit „wie eine Vorschrift" gehandelt, hat der Schweizer Adolf Muschg bemerkt.

*

In einem Lande, das noch immer gern dasjenige der Dichter und Denker geheißen wird, findet heute geistige, vor allem künstlerische Leistung kaum Beachtung. Der Begriff Kreativität scheint nur noch in Zusammenhang mit Werbung und Verkaufsförderung gebraucht und verstanden zu werden. Ein Nicht-Verhältnis zur Kunst, tief eingegraben, eint alle politischen Parteien. Die Öffentlichkeit, was immer das ist, verhält sich gleichgültig gegenüber der Qualität von Gestaltung. Es ist diese unspirituelle Grundhaltung, die der Baukunst keine Chance läßt. Architektur ist für diejenigen, die sich für gebildet halten, in der Regel kein Thema.

In einem so beschaffenen Klima verhält sich der Staat als Auftraggeber nicht anders als der private Investor. Der durchschnittliche Auftraggeber will so wenig Architektur wie der durchschnittliche Architekt, wie die schweigende Mehrheit der 65000 als Kammer-Architekten registrierten bundesdeutschen Bautechniker sie heute will oder, was beides gleich schlimm ist, zu geben vermag. Architektur kann ihre Existenz in diesem Lande ebenso schlecht rechtfertigen wie die Kunst ganz allgemein: Millionen von Menschen kommen ohne sie aus und vermissen auch nichts dabei.

*

Wozu also noch Ästhetik? Aus dem kulturpessimistischen Befund, wir lebten in einer Zeit, in der Kunst ihre Selbstverständlichkeit eingebüßt hat, in der ungewiß sei, ob sie überhaupt noch möglich ist (Theodor W. Adorno), drängt sich uns diese Frage auf. Hat das Schöne heilende, veredelnde Kraft? Dient Schönheit, nach Augustinus doch der „Glanz des Wahren", nicht nur noch dazu, häßliche Wirklichkeit zu verschleiern? Wie kann sie da noch wahr sein?
Ästhetik heute: Ist das nicht bloß noch Ästhetik einer entfremdeten Welt, Ersatzstoff, Schönheit aus zweiter Hand? Die von der Moderne herbeigesehnte Ästhetisierung des Lebens hat sich, ganz anders nur als ihre Protagonisten es wollten, tatsächlich ereignet. In ihr wurde Schönheit zum Verkaufsargument. Ästhetik heute ist Warenästhetik, Täuschungsmanöver. Wo nichts mehr ist, da muß die Verpackung alles sein: Schönheit als *Glanz der Waren* (Der Heilige Augustinus möge mir vergeben)!

Das Projekt einer Ästhetisierung aller Lebensbereiche, von dem die Moderne seit ihrem Aufbruch träumte, die Vision einer Welt der Ordnung und der Harmonie, geriet in Widerspruch zur Realität einer dem Dasein fremden Perfektion. Dieser Obsession einer vielheitlich gestalteten Weltgesellschaft und die Weigerung, Kompromisse zu schließen, macht Ästheten zu Radikalen. Karl Popper hat eindringlich vor ihnen gewarnt: Ästhetizismus wie Radikalismus verführen zwangsläufig dazu, die Vernunft über Bord zu werfen und durch die verzweifelte Hoffnung auf Wunder zu ersetzen. Kann es noch darum gehen, eine ideale Ordnung zu entwerfen, wo es uns nicht einmal in Ansätzen gelingen will, gegen die reale Unordnung anzukämpfen?

*

Architektur ist sowohl eine schöne als auch eine soziale Kunst. Jede Form symbolisiert ihre Inhalte, hat Adorno festgestellt. Keine Form sei gänzlich aus ihrem Zweck geschöpft. Wäre es nicht so, das heißt, würde sich die Form in der Abbildung eines zeitbedingten Inhalts genügen, dann wäre mit diesem zugleich auch sie erledigt und vermöchte nicht noch weiter spontan zu gefallen. Wir erkennen, daß Formen eine Autonomie besitzen, die sich unabhängig von Gesellschaftsbezug, Technologieabhängigkeit und zeiteigenem Kunstwollen behauptet.

Schinkels bekanntes Diktum, daß Kunst überhaupt nichts sei, wenn sie nicht neu ist, legt die Schwierigkeit und Schwäche jeglicher Kunstvermittlung bloß. Kunst kann, weil das Neue immer wieder Wahrnehmungsgewohnheiten außer Kraft setzt und sie sich damit immer wieder selbst infrage stellt, nicht Sinn liefern.

*

Herbert Marcuse hat für das offizielle Kulturverständnis den Begriff der „affirmativen Kultur" definiert, die eine bis in die Zeit der Aufklärung zurückreichende Tradition hat. Sie löst die geistig-seelische Welt als ein eigenständiges Wertreich von der Zivilisation ab, um jene über diese zu erhöhen als ein unbedingt zu bejahendes, von der tatsächlich erfahrenen Welt wesentlich verschiedenes, ewig besseres Reich der Ideen. In dieser Kultur gewinnen die kulturellen Handlungen ihre sie hoch über den Alltag erhebende Würde. Kunst-Rezeption gerät so zu feiertäglicher Erbauung.

Die Frage nach der Beziehung zwischen der künstlerischen Produktion und den Verrichtungen des täglichen Lebens ist eines der großen Themen der Kulturkritik. In der ersten Hälfte dieses Jahrhunderts war das sozial-ästhetische Projekt der Moderne der umfassendste Versuch, die fest geschlossenen Schranken zwischen Kunst und Leben, zwischen Kultur und Zivilisation niederzureißen.

Auf diesen utopisch-idealistischen Weltentwurf, der die kulturelle Einheit eher vorspiegelte als einsichtig machen konnte, folgt nun der Realismus einer sogenannten Postmoderne, die den Pluralismus als gegeben hinnimmt und zu ihrem Prinzip erklärt. Mit ihrem Bekenntnis zum Eklektizismus macht sie aus der Geschichte viele einzelne Geschichten. Kultur zerfällt in zahllose Subkulturen, die untereinander nichts mehr verbindet. „Pluralistische Kultur" – das ist ein Widerspruch in sich. Den einheitlichen modernen Stilwillen löst die nachmoderne Stilpluralität ab, die dazu auffordert, sich der Fülle des Möglichen nach Gutdünken und ohne Rechtfertigungszwang zu bedienen. Die Subjektivität wird grenzenlos.

Die Postmoderne erfährt Wirklichkeit anders als die Moderne sie gesehen hat. Sie erscheint ihr viel zu komplex, als daß sie, ohne ihr Gewalt anzutun, in eine Ordnung gebracht werden könnte. Der posthistorische Zustand wäre also einer der Ambivalenz und der Indifferenz, ein Zustand jenseits von Kritik, in dem alle Gegensätze eingeebnet, alle Begriffe suspendiert sind.

Die seit der Antike (Vitruv) überlieferte Bindung der Form an Gebrauch und Materie ist damit aufgekündigt. Der Architekt wird zum

Stylisten. Die scheinbare Rückkehr zum Traditionellen erweist sich bei genauerem Hinsehen in Wahrheit als Ausstieg aus einer mehr denn zweitausendjährigen abendländischen Architekturtradition.

Subjektivität ist freilich bereits eine Folge der Aufklärung. Mit der Relativierung vermeintlich absoluter Wahrheiten hatte sich der individuellen Deutung unendlicher Raum eröffnet. Zugleich änderten sich auch die Bedingungen von Kunst radikal. Der Verlust der metaphysischen Autorität zwang den Handelnden, sich selbst Ziel und Maß zu setzen.

In der weitgehend säkularisierten und pluralistischen Welt wird die immer wieder aufscheinende Beunruhigung über den Entzug des Maßes, das Orientierung für verantwortliches Tun gewähren könnte, wird die darum immer wieder aufgeworfene Frage nach einem neuen gesellschaftlichen Konsens erklärlich. Glauben wir aber wirklich, daß die Vielfalt, die uns so sehr verwirrt, eines Tages wieder verschwinden könnte, ersetzt durch eine einzige Wahrheit? Lassen wir uns nicht vielmehr von der Überzeugung leiten, daß es eine finale Lebenstheorie nicht geben wird, nicht geben darf? Haben wir nach leidvollen Erfahrungen mit politischen Heilslehren von ganz rechts bis links außen nicht ein für allemal genug von kollektiver Sinnsuche?

*

Ästhetik und Demokratie: darin liegt Widerspruch und Anspruch zugleich. Wie steht es um die Voraussetzungen für Architektur im demokratischen Staatswesen? Der öffentliche Bauherr, wie er sich in der Demokratie nennt, ist kein „Herr" wie seine institutionellen Vorgänger, die weltlichen und geistlichen Fürsten: er ist eine Un-Person. Der neue Souverän, das Volk, hat nur noch die Möglichkeit, sich in seiner staatlichen Auftraggeberrolle vertreten zu lassen. Er läßt ein anonymes Gremium für sich entscheiden. Ist mit dem Verschwinden des persönlichen Bauherrn von der öffentlichen Bühne auch das Ende der Baukunst zu beklagen?

Demokratische Entscheidungen beruhen auf dem Willen der jeweiligen Mehrheit. Das ist ein durchgängiges Prinzip, das folglich auch auf Bausachen angewendet zu werden hat. Ist aber der Kompromiß, ohne den dieser politische Prozeß nicht vorstellbar wäre, auch das angemessene Mittel, über Architektur, über Kunst zu befinden? Das Resultat steht und fällt mit dem versammelten Sachverstand. Was qualifiziert Parlamentarier als Bauherren?

Zum Verständnis der Demokratie, die auf Quantifizierung angewiesen ist, gehört komplementär und gleichgewichtig ebenso, daß sie im Qualitativen gegründet ist, hat Adolf Arndt gesagt und – bezogen auf ihre Aufgabe als Bauherr – hinzugefügt: „Ich halte es für einen Irrtum, daß die Demokratie nur gewählte Organe haben könnte oder dürfte." Politische Verantwortung habe sich gerade in der Erkenntnis der Grenzen eigener geistiger Kompetenz und ihrer Ergänzungsbedürftigkeit zu beweisen.

Für die der Idee der Gleichheit verpflichtete Demokratie bleibt „Elite" ein Schreckwort. Die Gleichheit muß künstlich und oft mühevoll hergestellt werden. Es ist zu fragen, ob wir das in allen Dingen stets wollen sollen. Wo immer mehr mitreden und mitentscheiden dürfen, muß das Niveau der Diskussion notwendigerweise immer weiter gesenkt werden. Die Einigung auf den kleinsten gemeinsamen Nenner, die dabei nötig wird, was kann sie anderes zum Ergebnis haben als bestenfalls Durchschnittliches?

Hätte sich die Weimarer Republik der ihr gegenüber – nur zehn Jahre nach dem verlorenen Krieg – sehr kritischen Weltöffentlichkeit so eindrucksvoll mit dem Barcelona-Pavillon darstellen und empfehlen können, jenem ebenso programmatischen wie hochinnovativen Schlüsselwerk der Moderne, wenn eine Große Koalition der Mittelmäßigkeit über den Mies'schen Entwurf zu entscheiden gehabt hätte?

*

„Demokratische Architektur", ein so paradoxer Begriff wie „pluralistische Kultur", gibt es nicht. Demokratisch: das könnte sich höchstens auf den von mir soeben problematisierten Planungsprozeß und seine Eigenart beziehen. Bauen *in* der Demokratie, besonders aber Bauen *für* die Demokratie: ob es das gibt und, wenn ja, wie es aussehen könnte oder auszusehen habe, ist eine Frage, die uns beschäftigt, seit wir mitansehen dürfen oder müssen, wie schwer sich dieser unser Bund mit seinen Parlamentsbauten tut.

Die Diskussion ist kontrovers. Manche halten die offenbar gewordene Hilflosigkeit gegenüber architektonischer Selbstdarstellung oder auch den bewußten Verzicht darauf für eine demokratische Tugend. Formales Leitbild neuer Baukunst wäre für Ulrich Conrads ein Wesenszug dieser Gesellschaft, den er als ihr labiles, tagtäglich von ihr selbst neu zu erringendes Gleichgewicht beschreibt.

Hieße das zwangsläufig, die Gefährdung, das Fragile der freiheitlichen Grundordnung zum Thema zu machen, also etwa durch Leichtbau, Vorübergehendes, auch Gläsernes (weil sich damit das politische Postulat der Transparenz anschaulich machen ließe?); oder könnte es nicht vielmehr auch oder gerade das Vertrauen in den Bestand der Demokratie als dem besten aller denkbaren politischen Systeme, könnten es ihre Zukunftshoffnungen sein, die in den Bauten thematisiert werden sollten; weniger Zustandsbeschreibung also denn Glaubensbekenntnis? Das würde eher Festigkeit, Dauerhaftes, vielleicht auch Traditionsbezug als architektonische Ausdrucksform nahelegen.

Die Geschichte lehrt uns, daß politische Architektur von jeher stabilisierend wirken sollte und dieses Ziel in aller Regel auch nicht verfehlte: „Im Stein gelangt der Wille zur Dauer eines Gemeinwesens zum Ausdruck" (Wolf Jobst Siedler). Aber ist das nicht Kennzeichen von „Herrschaftsarchitektur"?

*

Gewiß: da die Menschheitsgeschichte bis in die jüngste Vergangenheit vornehmlich eine Geschichte der absoluten Herrschaft ist, kann man mit diesem Verdikt „Herrschaftsarchitektur" rasch bei der Hand sein und ist es heute auch. Nur fällt darunter bedauerlicherweise nahezu alles, was große Baukunst ausmacht. Was will diese Denunziation? Die Akropolis gehört zwar zur Sklavenhaltergesellschaft, das Straßburger Münster zum Feudalstaat, das Belvedere des Prinzen Eugen zum Absolutismus; dennoch sind sie, wie Ernst Bloch zu bedenken gibt, mit dieser ihrer Basis bekanntlich nicht vergangen und führen, anders als jene Basis, nichts Beklagenswertes mit sich. Aber vielleicht wird das politische Kunstwerk ästhetisch sogar erst ganz genießbar, wenn seine politische Funktion sich erledigt hat(?).

Nicht weniger töricht ist die These, daß der im Verlauf der Architekturentwicklung immer wieder erneuerte Bezug zur klassischen Antike stets nur herrschaftslegitimierend gemeint war. Bei Rudolf Wittkower könnte man nachlesen, wie es dem Weltmann und Architekten Richard Boyle, drittem Lord Burlington, gelang, „seinen" Neopalladianismus expressis verbis als demokratischen Klassizismus in England populär und damit auf Dauer zu einem wahrhaft nationalen Idiom zu machen, das wie selbstverständlich seinen Weg auch in die überseeischen Kolonien fand. Nachdem diese sich als Vereinigte Staaten von Amerika zur ersten

Demokratie der jüngeren Geschichte formierten und sich dabei architektonisch auf das Vorbild der römischen Republik beriefen, da geschah das nahtlos durch Vermittlung über diesen palladianischen Klassizismus.

*

Aus der irrigen Annahme, daß die formalen Ordnungen, wie sie die unterschiedlichen Klassizismen zeigen, untrügliche Merkmale von Herrschaftsarchitektur seien, wurde kurzgeschlossen, daß Bauen im demokratischen Staat Formbindung an sich meiden müsse. Tatsächlich ist Demokratie in besonderer Weise Formsache. Gerade sie bedarf des Maßes und der Ordnung, um Freiheit zu sichern.

Demokratie – ich zitiere Max Bächer – „braucht erkennbare und verständliche Hierarchien und Formen, nicht als notwendiges Übel, son-

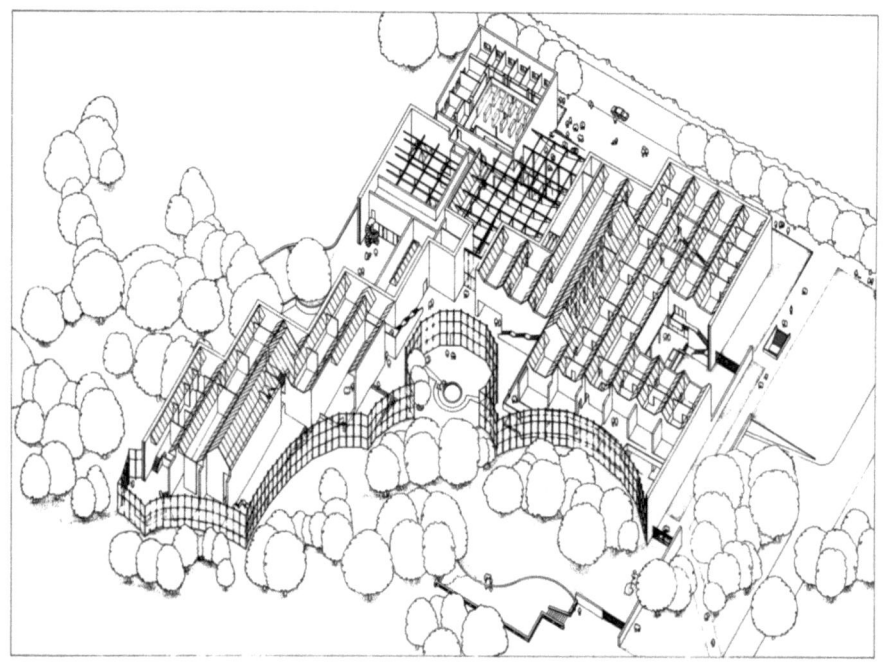

Museum Aachen, Projekt auf kleinerer Fläche

dern als Verbindlichkeit. Eine Staatsform, die sich als repräsentative Demokratie versteht, muß keine Angst davor haben, sich auch mit Stolz zu repräsentieren und das bildhaft zu veranschaulichen, was Thornton Wilder in seiner Rede zum Friedenspreis forderte: Den Menschen erhobenen Hauptes. Er sagte: ‚Die Demokratie hat eine große Aufgabe, nämlich neue Mythen, neue Metaphern und neue Bilder zu erschaffen und den Stand der neuen Würde aufzuzeigen, in die der Mensch geraten ist.'"

Diese große Aufgabe harrt noch ihrer Erfüllung. Ist sich der Mensch seiner neuen Würde aber schon bewußt; und sind wir Architekten unserer selbst noch so gewiß, daß wir mit dem Pathos eines Gottfried Semper fordern dürften: Gebt uns nur eine Gesellschaft, und die Architektur wird ihr nichts schuldig bleiben?
(1984)

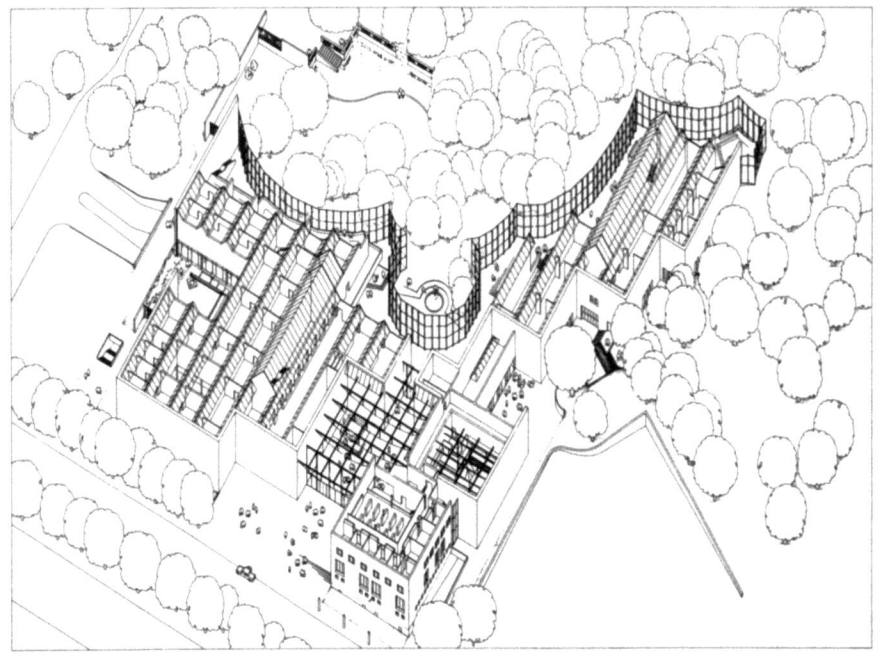

Museum Aachen, Eingang

2 Architektur als Sprache

Eine Architektur, die jeder versteht?

Architektur und Gesellschaft haben sich einander immer mehr entfremdet. Die Leute verstehen die Architektur nicht mehr. Diese Entfremdung hat bereits eine lange Geschichte. Sie begann spätestens mit der Renaissance. Während die Baukunst seither immer noch für eine kulturell gebildete Oberschicht verständlich war, wird Architektur heute – etwas überspitzt formuliert – beinahe nur noch von den Architekten selbst verstanden. Die Protagonisten des Neuen Bauens, der Modernen Bewegung, haben die Verständigungskluft ungewollt vertieft.

In den letzten Jahren sind Architekten wieder auf der Suche nach der verlorengegangenen kulturellen Gemeinsamkeit. Wie lassen sich die Gegensätze überbrücken, wer muß sich wem anpassen? Ist Architektur nicht zuallererst konsumentenbezogene Dienstleistung, selbstverständlich für alle? Jedermann hat – nach Adornos Feststellung – ein Recht auf die Erfüllung seiner Bedürfnisse, und seien es auch die falschen, weil sich – so sagt er – selbst noch im falschen Bedürfnis etwas von Freiheit regt. Die „offizielle" Architektur muß ihm notwendig als ein Feind erscheinen, wenn sie ihm vorenthält, was er will oder sogar braucht.

Deshalb fordert man, daß sich die Architektur ihren „Konsumenten" anpassen muß. Das sind wir alle. Architektur, die sich ihrer gesellschaftlichen Aufgabe bewußt ist, müßte ihr Ziel darin sehen, für jeden von uns verständlich zu sein. Alles kann aber nicht gleich verständlich sein für alle, weil die zum Verständnis notwendigen Vorkenntnisse zu unterschiedlich sind. Die rasche Entwicklung tut ein übriges dafür, daß sich der Abstand zwischen Architektur und Publikum mehr und mehr vergrößert. Dem Einzelnen wird dadurch immer weniger Zeit gelassen, sich mit neuen Erscheinungen vertraut zu machen, sie in seinen architektonischen Erfahrungsschatz einzuverleiben und sich an sie zu gewöhnen.

Bislang war nur von Anpassung der Architektur an ihr Publikum die Rede. Müßte nicht auch das Publikum seinerseits der Architektur wieder nähergebracht werden? Reine Wahrnehmung gibt es nicht. Was wir wahrnehmen, ist angelernt und läßt sich folglich auch lernend weiterentwickeln. Darin liegt eine Chance und eine Aufgabe – nicht nur für Architekten, sondern für eine Gesellschaft in ihrer Gesamtheit, für die „Umweltbewußtsein" nicht nur eine leere Formel ist.

Die unverstandene Moderne

Das Neue Bauen war eine zunächst durchaus heilsame und auch notwendige Reaktion auf den Historismus des 19. Jahrhunderts. Es verstand sich als ein Protest gegen Stilnachahmungen und Ornamente, die überholte Gesellschaftsordnungen, so hieß es, symbolisierten. Die Architektur unseres Jahrhunderts sollte von den Widersprüchlichkeiten der Stile befreit werden, indem sie sich überhaupt von Stil zu befreien suchte. Man wollte nicht einen neuen Stil; man wollte die von historischem Ballast freie Auseinandersetzung mit der Wirklichkeit, mit den aus ihr sich ergebenden neuen Aufgaben.

Die praktische Funktion sollte von nun an die Form bestimmen. Die Form war Ausdruck der Funktion. Sie hatte keine darüber hinausweisende Rolle. Sie symbolisierte allenfalls sich selbst. Nichts war den Vertretern dieser „Neuen Sachlichkeit" mehr zuwider als Subjektivität und formale Willkür. Auf dem Wege zum „Internationalen Stil", der keine regionalen Besonderheiten mehr duldete, verloren die Bauten ihren spezifischen Charakter. Die Vorhang-Fassade verwischte die Unterschiede zwischen Wohn- und Bürohaus. Und Frank Lloyd Wright konnte lästern: Fassaden zum Durchtelefonieren.

Wenn das Ziel von Architektur die universell nutzbaren Gehäuse sind, ist es nur folgerichtig, daß diese außer der Perfektion, mit der sie vielleicht gemacht sind, nichts mehr ausdrücken. Ihre Zweckneutralität nimmt ihnen auch die Chance, wenigstens noch von ihren Zwecken zu reden. Dennoch sei vor der heute so (ein-)gängigen pauschalen Funktionalismus-Kritik gewarnt, die nicht bereit (oder in der Lage) ist, zwischen dem Idealismus der Modernen Bewegung und seiner nachfolgenden Korrumpierung durch kommerzielle Interessen zu differenzieren, sondern einen kausalen Zusammenhang herstellen möchte zwischen einem Artefakt wie der Mies'schen Crown Hall und der banalen Container-Architektur-Massenware von heute, für die „Architektur" ja eigentlich nicht das Wort ist.

Allerdings: der sprichwörtliche Mann von der Straße erkennt die Unterschiede wirklich nicht. Er verhält sich gleichgültig. Er kann eine so „bedeutungsfreie" Architektur nicht als die seine akzeptieren, weil sie ihm eben nichts „bedeutet", weil sie ihm keine Signale für eine Auseinandersetzung, geschweige denn für ihre Aneignung gibt.

Das Publikum heute steht also der Architektur seiner Zeit verständnislos gegenüber und lehnt sie deshalb ab. So gesehen erscheint die Moderne Bewegung – entgegen ihren Intentionen – in der Tat lediglich als eine Architektur von und für Architekten, wogegen die Subkultur des Konsums die Bedürfnisse und Wünsche aller derjenigen auszudrücken scheint, die nicht Architekten sind.

Die von der Unverständlichkeit der Moderne Frustrierten flüchten – wenn sie es sich nur irgend leisten können – in erreichbare Ersatzwelten, die sie in Vororten oder Ferienquartieren finden, in denen wieder alles erlaubt ist, was seit dem Bauhaus abgeschafft schien: „historische" Bogen, Pilaster und Kapitelle, „gemütliche" Erker, Ecken und Winkel, oder Putten und andere Gartenzwerge. Heinrich Klotz hat uns diese „Röhrenden Hirsche der Architektur" in einem Bilderbuch vorgeführt.

Der unverständige Architektur-Benutzer

Niemand kann behaupten, daß sich die Moderne Bewegung nicht um denjenigen gekümmert habe, für den sie ihre Häuser und Städte entwarf. Im Gegenteil: er stand durchaus im Mittelpunkt ihrer Überlegungen. Nur erwiesen sich diese im nachhinein, wenn schon nicht gleich als falsch, so doch als höchst unvollständig. Eine ganz wichtige Seite des menschlichen Wesens, die emotionale, war völlig übersehen worden.

Die Architekten der zwanziger und dreißiger Jahre glaubten sich – als Architekten! – im Besitz der vollkommensten Menschenkenntnis unter allen Experten, der reinen Wahrheit gewissermaßen. Daher ihr Verantwortungsgefühl gegenüber der menschlichen Gesellschaft! Deshalb ihre Überzeugung von der Beeinflußbarkeit der gesellschaftlichen Entwicklung durch Gebautes, zu der sie durch ihre Arbeit beizutragen hatten. Architektur war für sie soziale Dienstleistung, ja, mehr noch, sozialer Entwicklungsdienst.

Aber die Modernen Architekten haben den Menschen so gesehen, wie sie ihn sehen wollten. Sie orientierten ihre Entwürfe an ihren eigenen Vorstellungen – Vorstellungen von dem, was die Leute wollen sollen. Gefragt haben sie sie nicht.

In der demokratisch verfaßten Gesellschaft müssen architektonische Entscheidungen aber wohl anders getroffen werden als in den bisher gewohnten hierarchisch geordneten Staatsformen. Sie können nicht länger nur auf die Vorstellungen einer Minderheit Rücksicht nehmen ohne Gefahr für das Ganze, so scheint es.

Wenn Le Corbusier oder Mies van der Rohe fest daran glaubten, daß das breite Publikum erzogen werden müsse, so heißt es jetzt immer häufiger, daß es wohl eher die Architekten sind, die lernen (umlernen) müssen. Was alle nach-funktionalistischen („post-modernen") Bestrebungen vom Funktionalismus charakteristisch abhebt, ist diese im Grunde politischere Haltung, die nun ganz dem Adressaten von Architektur zugewandt ist. Ich hätte diesen Abschnitt auch „Der wiederentdeckte Nutzer" überschreiben können.

Was wissen wir tatsächlich von ihm? Was können wir tun um herauszufinden, was seine Wünsche sind? Wir dürfen es uns nicht mehr so leicht machen wie Gropius, der in den zwanziger Jahren davon überzeugt war, daß die Mehrzahl der Bürger aller zivilisierten Völker dieselben Wohn- und Lebensbedürfnisse hat, bloß weil er selbst von den Prinzipien der Standardisierung so fasziniert war.

Bitte keine Bevormundung des gemeinen Mannes mehr durch irgendwelche hochnäsigen Intellektuellen, ist der aktuelle Tenor. Er verdient, als freier Mensch behandelt zu werden. Verdient er das wirklich? Sind es nicht Bevormundungen ganz anderer Art, denen er blind gehorcht? Etwa jene unbewußt funktionierenden Mechanismen von Denk- und Verhaltensmustern, die an Verbindlichkeit nichts zu wünschen übrig lassen, um so mehr aber dafür an persönlicher Willensäußerung und freien Entfaltungsmöglichkeiten? Wie kann einer wissen, was er will, wenn er noch keine alternativen Erfahrungen gemacht hat? Wie will einer wünschen, was er gar nicht kennt? Es ist, um mit Charles Moore zu sprechen, keineswegs damit getan, daß man bloß genug Hausfrauen interviewt und aufschreibt, was denen an ihrem Wohnort am meisten gefällt, und dann zu meinen, man wüßte jetzt, wie die Lösung aussehen soll.

Eine ganz wesentliche neue Einsicht – vielmehr eher eine Wiederentdeckung – ist, daß Bauten nicht nur genutzt, sondern auch gesehen und wahrgenommen werden, ob einer nun will oder nicht. Diese Feststellung ist wichtig: Musik braucht nicht gehört, das Buch nicht gelesen, ein Bild nicht angeschaut zu werden. Aber Architektur ist allgegenwärtig. Man muß mit ihr leben.

Deshalb ist es so nötig zu erfahren, wie der Mensch seine Umwelt wahrnimmt und wie sich diese Wahrnehmung auf sein Verhalten auswirkt. Das Wahrnehmungsvermögen, seine Bedingungen und selbstverständlich auch seine Grenzen müssen uns interessieren.

Zeigen die Architekturen der Vergangenheit und die alten Stadtbilder nicht eigentlich ganz deutlich, wie sehr doch wohl damit gerechnet wurde, daß das Gebaute auch angeschaut wurde? Es scheint so, als habe man gerade seine visuelle und körperlich-räumliche Wirkung sehr wohl berücksichtigt und den Menschen nicht nur einfach behausen wollen, sondern zugleich als sehendes und wahrnehmendes Wesen geachtet.

Wahrnehmung kann eine bloß konsumierende Tätigkeit sein, die mit dem Blick auf das Bild abgeschlossen ist. Sie kann aber darüber hinaus auch Impulse auslösen und den Betrachter zum Engagement zwingen, zur Deutung des Bildes, zum „visuellen Denken". Im Neudeutsch unserer Planer-Fachsprache heißt es: „Bewohner von Städten nehmen die Reizanordnungen in Abhängigkeit von ihrem Wahrnehmungs- und Deutungsrepertoire auf. Deren Entwicklung wird wesentlich bestimmt durch die Sozialisierungsagenturen Schule, Familie und Beruf sowie die konkreten Bedingungen der eigenen Lebenssituation." (Von Voltaire wird berichtet, er habe jede Zeile umgeschrieben, die seine Köchin nicht verstand.) Ich vermute, daß der hier besser nicht genannte Autor sagen wollte, daß die Wahrnehmungsfähigkeit lernend verfeinert werden kann. Und damit hat er zweifellos recht: wir sehen, was wir zu sehen gelernt haben, oder was wir uns selbst zu sehen gelehrt haben.

Provokante Frage: Muß man Architektur erst lernen, um sie begreifen, um mit ihr leben zu können? Natürlich sollte man Architektur nicht lernen müssen. Wenn man Architektur jedoch nicht nur benutzen, sondern auch genießen möchte, muß man in der Tat lernen. Man hat dann allerdings auch unendlich viel mehr davon. Es ist nicht anders als mit dem Essen. Zum (Über-)Leben genügt die bloße Nahrungseinnahme. Trotzdem ist jedermann zugleich auf Gaumenreiz bedacht.

Architektur als Mittel der Verständigung

Diese Vorstellung ist neu. Man hat zwar schon immer von einer Sprache der Formen geredet. Aber das war so ernst und konsequent nicht gemeint. Der Anstoß, Architektur als ein Zeichensystem zu betrachten und nach der Bedeutung der architektonischen Formen zu fragen, kam von der Semiotik. Sie versteht Kultur im wesentlichen als Kommunikation und möchte daher auch die Architektur als Medium zwischenmenschlicher Beziehungen einordnen. Diese Interpretation stellt bisher Gültiges gewissermaßen auf den Kopf. Vom gewohnten Standpunkt der Kreation gesehen, kommt Kriterien wie Erfindung und Originalität eine entscheidende Rolle zu; aus der neuen Sicht der Rezeption, also aus der Blickrichtung des Empfängers, aber gerade nicht. Denn erfolgreiche Kommunikation ist von Konventionen abhängig. Sprache setzt konventionell vereinbarte Zeichen voraus.

Können architektonische Formen aber überhaupt Verständigungsmittel wie die Wörter einer Sprache sein? Was eine Architektur ausdrücken will, ist nur zu verstehen, wenn sich Gedankenverbindungen entweder von selbst ergeben oder wenn dafür ein Bedeutungsschlüssel existiert. Diesen Schlüssel gibt es heute nicht. Die immer wieder erhobene Forderung, einen solchen allgemeinverständlichen Code zu schaffen, scheint unrealistisch und auch kaum sinnvoll, wenn man sich vergegenwärtigt, wie Sprache tatsächlich entsteht und sich weiterentwickelt. Sie entfaltet ihren Reichtum durch Gebrauch, nicht auf dem Verordnungswege. Die Sprache der Modernen Architektur war, um im Bild zu bleiben, eine Kunstsprache. Sie lebte nicht. Deshalb wurde sie ja auch nur von den wenigen verstanden, die sie ersonnen hatten: Architektur als Geheimsprache.

Natürlich bleiben wesentliche Unterschiede zwischen visueller und literarischer Sprache. Architektonische Formen (d.h. Bilder) lassen sich so wenig wie musikalische Formen (Töne) vollständig in Worte übersetzen. Sie bringen etwas zum Ausdruck, das nur so und nicht anders ausgedrückt werden kann. Formen sind nicht gleichbedeutend mit Wörtern. Eine visuelle Sprache kann nicht die Eindeutigkeit der literarischen Sprache haben. Ihre Mehrdeutigkeit ist für den architektonischen Kommunikationsprozeß aber Schwierigkeit und Chance zugleich.

Während das geschriebene oder gesprochene Wort seine Botschaft in der Abfolge mitteilt, wie sie gelesen oder gehört wird, übermittelt das visuelle Zeichen sie als ein Ganzes. Das gibt dem visuellen Zeichen einen höheren Grad von sprachlicher Verdichtung und rechtfertigt zweifellos die journalistische Redensart von dem einen Bild, das tausend Wörter wert ist. Andererseits ermöglicht das Nebeneinander der literarischen Zeichen dem, der die Botschaft ausgibt, eine weit größere Kontrolle darüber, wie ihr Empfänger sie aufnimmt.

Wenn wir etwa Kommunikation durch Wörter und Kommunikation durch gestische Zeichen, ein Achselzucken zum Beispiel, vergleichen — was ja auch eine visuelle Sprache ist —, so verhält es sich damit ja nicht bloß so, daß es gelegentlich vieler Worte bedürfte, um äquivalent auszudrücken, was ein Achselzucken sagen kann. Wir müssen obendrein einsehen, daß genau dasselbe, was mit einem Achselzucken auszudrücken ist, durch Worte letztendlich gar nicht gesagt werden kann. Architektur ist also, wie jede visuelle Mitteilung, eine Sprache eigener Art.

Umberto Eco hat sich als einer der ersten Semiotiker mit Architektur beschäftigt. Er definiert den Unterschied von Architektur als Dienstleistung und Architektur als Kunst mit der Formel, der Dienst habe eine vorgegebene Nachfrage möglichst genau zu befriedigen, die Kunst hingegen etwas zu liefern, worauf der Empfänger noch gar nicht gefaßt ist.

Die Informationstheorie bemüht sich bekanntlich darum, dieses Neue als Wert meßbar zu machen. Neues ist in völliger Unabhängigkeit von schon Bekanntem nicht verständlich. Das Bekannte stellt die Verbindung für das Verständnis des Neuen im Bewußtsein des Betrachters her. Die Formen der Modernen Architektur waren viel zu neuartig, als daß sie für die meisten Leute hätten interessant sein können. Nichts scheint deshalb heute wichtiger, sagt der schon einmal zitierte Charles Moore, als die Wiedererschaffung von Verbindungen zwischen uns und der Vergangenheit, die der Funktionalismus abgeschnitten hat, damit jene von uns, das heißt eigentlich fast alle, die ein Leben führen, das kompliziert und abgelöst ist von einem einzigen Ort, an dem wir Wurzeln schlagen können, durch den Kanal der Sinne und Erinnerungen und durch die Mithilfe des Bauens wieder eine Art Wurzel finden können. Ein charakteristisches Beispiel für das Fehlverhalten von Architekten gegenüber einem symbolischen Zeichen ist ihre Ablehnung des geneigten Daches, das in nördlichen Ländern konventionell „Heim, Haus, Schutz" bezeichnet. Das Publikum hat deshalb dieses Verdikt auch nie anerkannt.

Nun, nachdem die große Revolution der Moderne gelaufen ist und eine Periode der Konsolidierung bevorsteht, scheint es angebracht, die Frage der Konvention in der Architektur neu zu überdenken. Es ist nicht mehr die Zeit, in der man die Leute schockieren und aus ihren überholten Vorstellungen aufschrecken mußte. Heute geht es darum, ihnen zu helfen, die neuen Umstände zu verstehen und das Beste daraus zu machen. Robert Venturi plädiert für die Verwendung konventioneller Formen, weil sie durch langen Gebrauch und Gewohnheit bereits zu Zeichen und Symbolen geworden seien und das allgemeine Vokabular bildeten. Der Architekt müsse deshalb damit sprechen. Aber er dürfe diese konventionellen Formen verändern. Er solle sie in neue – überraschende – Zusammenhänge stellen und damit auch eine neue Information formulieren, die für den Betrachter dann neu und vertraut zugleich ist.

Sein Studium von Las Vegas hat Venturi auf ein seiner Meinung nach wesentliches Kriterium des Gebrauchs von Architektur als einer Zeichensprache hingewiesen: die Trennung von Gebäude und Dekoration (das ist das Haus als „dekorierter Schuppen"). Er erkennt in der vorgeblendeten Reklametafel den zeitgenössischen Ersatz für das Ornament. Der italienische Palazzo ist für ihn das Paradebeispiel eines dekorierten Schuppens. Venturi hält es für reine Ironie, wenn die Moderne Architektur das Ornament als Dekoration ablehnt und dafür das ganze Bauwerk zu einem einzigen großen Ornament deformiert. Er nennt diese Architekturen abschätzig „Enten" – unter Hinweis auf ein als Ente gestaltetes Restaurant bei Los Angeles, das Entengerichte auf der Speisekarte führt. Hier formt der Bau als Ganzes das Symbol. Saarinens TWA-Terminal (als Abbild des zum Flug ansetzenden Vogels) oder SOM's Beinecke-Library (das überdimensionale Schatzkästlein) sind für ihn solche Enten.

Architektur als Kommunikationsmittel für eine Massengesellschaft muß die Massen erreichen. Dabei genügt es nicht, daß man mit einer Botschaft alle erreicht; man muß sich auch allen verständlich machen. Nun ist aber ungleiche Verständlichkeit (nicht nur in der Architektur) eine Gegebenheit, die kaum zu ändern ist. Sie ist eine zwangsläufige Folge des unterschiedlichen Bildungsniveaus.

Ein Ausweg aus diesem Dilemma wäre, wenn es beim Entwurf eines Gebäudes gelänge, die unterschiedlichen Ebenen der Wahrnehmung dadurch zu berücksichtigen, daß dem weniger Trainierten, Anspruchslosen populäre, den Subkulturen entliehene Formen geboten werden, während der Geübte, Anspruchsvollere mit einer erst dahinter aufscheinenden Formensprache zufriedengestellt wird, die der offiziellen Kultur verpflichtet ist.

Diese Doppel-Codierung im Sinne Venturis – eine Mixtur aus Umgangssprache und sogenannter gehobener Sprache – entdeckte Charles Jencks, der Propagandist des Post-Modernismus, inzwischen bereits als (bewußt eingesetztes?) Gestaltungsprinzip der Antike. Er bemüht das Bild des klassischen griechischen Tempels: einerseits eine geometrisch-puristische Struktur, idealtypisch von Mal zu Mal weiterentwickelt, an der sich die Gebildeten delektieren konnten; andererseits eine ausschweifend buntfarbige, blutrünstig illustrierende Dekoration, unseren schreienden Kino-Reklamen vergleichbar, an der sich das Volk ergötzen konnte (ohne lange nachdenken zu müssen).

Mir selbst fällt Mozarts Musik als Beispiel genialer Doppel-Codierung ein, die er bewußt angewendet hat (ohne daß dieser Terminus schon definiert und bekannt gewesen wäre!), wie ein Brief beweist, den er 1782 an seinen Vater schreibt: „Die Konzerte" — gemeint sind seine Klavierkonzerte — „sind eben das Mittelding zwischen zu schwer und zu leicht, sind sehr brillant, angenehm in die Ohren, natürlich ohne in das Leere zu fallen, hie und da können auch Kenner allein Satisfaktion erlangen, doch so, daß die Nichtkenner damit zufrieden sein müssen, ohne zu wissen warum."
(1980)

Die verlorene Unschuld der Formen
Klassizismus — Faschismus — Rationalismus

Klassische Architektur erlebt gegenwärtig ihre jüngste Renaissance. Wer hätte noch vor zehn, fünfzehn Jahren für möglich gehalten, daß er je wieder symmetrische Ordnungen, zentralperspektivische Achsen und monumentale Säulenreihen sehen werde? Inzwischen erscheinen sie immer häufiger in Projekten und Veduten auf den Seiten der Architekturmagazine und auf den Zeichenbrettern unserer Hohen Schulen. Die ersten gebauten Beispiele stehen zur — kontroversen — Diskussion.

Ist die stete Wiederkehr des Klassischen in der Architektur Vorbestimmung? Seit faschistische Diktaturen den Klassizismus für ihre Zwecke eingesetzt und mißbraucht haben, ist das Verhältnis zu ihm heikel, mit negativen Assoziationen belastet. Er schien damit für immer erledigt. So ist es kein Wunder, wenn sein neuerliches Auftauchen auf emotionale Abwehr stößt, wenn Neu-Klassizisten sogar selbst als Faschisten verdächtigt werden. Leon Krier, neben Aldo Rossi das gesuchteste Opfer solcher Angriffe, wundert sich auch gar nicht: „Wer heute wieder Achsen zeichnet, muß gewärtig sein, daß der Betrachter sich an Reichsparteitagsge-

Museum Aachen, Skulpturenraum und -garten

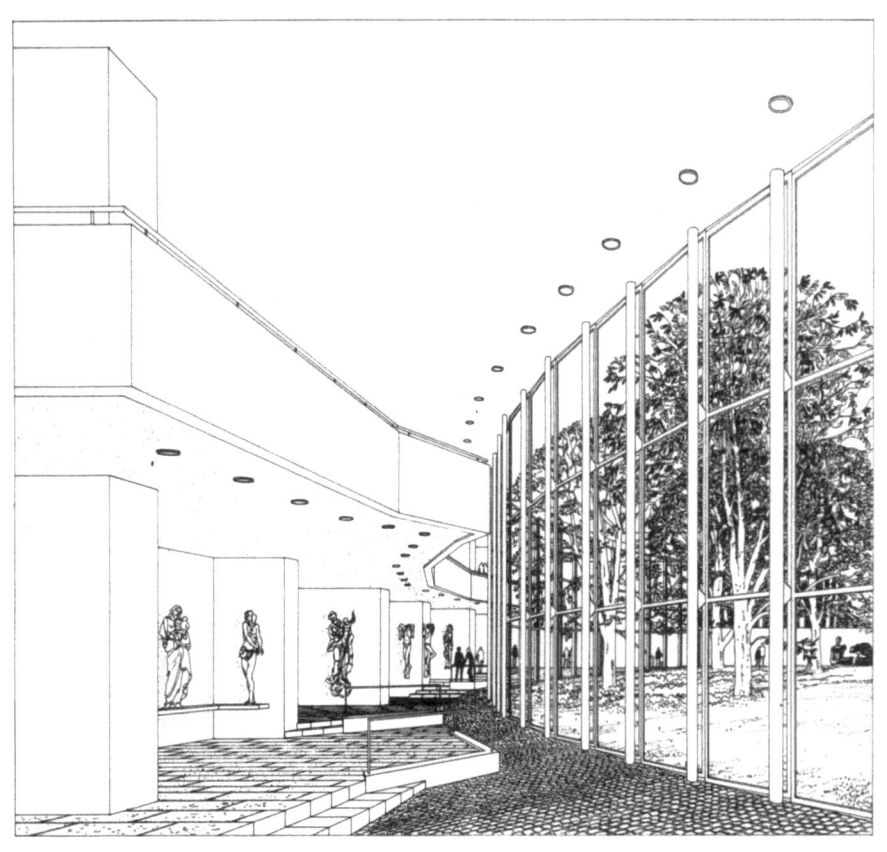

Museum Aachen, Skulpturenraum und -garten

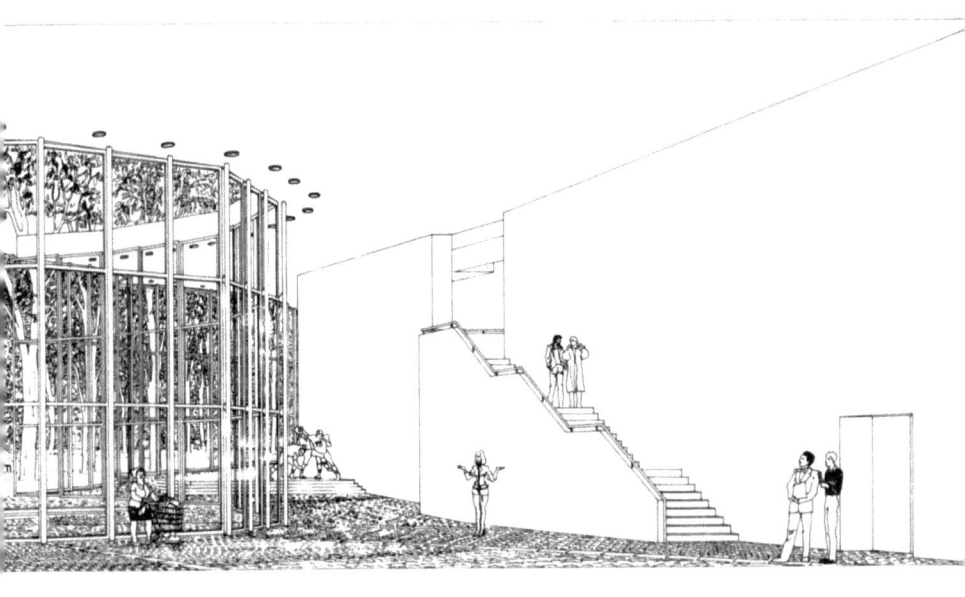

bäude und ‚Ost-West-Achse' Berlin erinnert und nicht nur an barocke Stadtanlagen."

Für Krier ist die Architektur des Dritten Reiches nicht mehr und nicht weniger als das authentische Bindeglied einer Entwicklungskette geschichtlicher Kontinuität zwischen altem und neuem – nach-modernem – Klassizismus. So gesehen erscheint die Moderne der zwanziger und dreißiger Jahre nur noch als Störfaktor, als – bedauerlicher – historischer Betriebsunfall. Aber durch die über uns gekommene Umwertung der Architekturgeschichte könne die verlorene Kontinuität wiederhergestellt werden. Die „Größe, Eleganz, Solidität und Dauerhaftigkeit" der öffentlichen Bauten im Hitler-Deutschland war, sagt Krier, nicht, wie heute leichtfertig behauptet wird, dazu angelegt, die Massen zu erschrekken, sondern sollte sie einfach nur beeindrucken und ihnen ein Gefühl der Geborgenheit geben. Die Bevölkerung habe denn auch ihre systematische Zerstörung nach dem Krieg nicht gewollt, weil ihre klassischen Formen den Menschen vertraut sind, wogegen sie die dieser Architektur entgegengesetzten „Bauhaus-Kästen" und „Zirkuszelte" nie als ihr ebenbürtig anerkannt hätten.

Architektur unter dem Faschismus

Leichtfertigkeit im Umgang mit diesem Phänomen auf beiden Seiten: Die vorurteilsfreie architekturtheoretische Auseinandersetzung mit dem Bauen in der Zeit des Faschismus steht noch aus. Sie ist heute überfällig. Ihre bisherige Tabuisierung erschwert die Bewertung aktueller Architekturtendenzen. Bis jetzt, klagt Leon Krier durchaus zu Recht, wird jeder Anklang an die klassische Architektur mit Tyrannei, Nazismus und Vernichtung gleichgesetzt. Soll der Bann für alle Zeiten auf dem Klassizismus ruhen, nur weil Hitler, Mussolini und auch Stalin eine Schwäche dafür hatten?

Nicht Kriers Vorliebe für den Klassizismus ist das Ärgernis, wohl aber, daß er im Nazi-Klassizismus, besonders in Albert Speers Projekten und Produktionen die beschriebenen Qualitäten entdeckt. Galt er nicht bisher unter allen Klassizismen als der bei weitem derbste, gröbste, trokkenste, und dabei bedrohlich – bis hin zu dem „zackigen Marschtakt" von Speers „hingehauenen Säulenfronten" (Adolf Max Vogt)? Sprechen denn diese Bauten nicht für sich? Dieser Rückgriff auf Vergangenes war, anders als die bisherigen klassizierenden Erneuerungen, keine neue baukünstlerische Auseinandersetzung mit der Antike, sondern nur der sehr handfeste politische Versuch, durch Identifikation mit der griechisch-römischen Hochkultur und ihrer „legitimen" Herrschaftsform die eigene angemaßte diktatorische Herrschaft zu rechtfertigen und zu beglaubigen.

Leon Krier indessen sieht hier nur ein Bemühen um Respektabilität und Repräsentation des Regimes, das die Reizwirkungen guter Architektur als erfolgreichstes Propagandamittel einzusetzen wußte und so nicht nur die Gemüter der Deutschen gewonnen hat, sondern auch die Aufmerksamkeit der übrigen Welt auf sich zu ziehen vermochte. Schließlich habe Speer auf der Pariser Weltausstellung 1937 die Große Goldmedaille erhalten.

Wer wollte leugnen, daß es einen breiten Konsens deutschen Spießbürgertums mit der NS-Architektur gegeben hat? Die Nationalsozialisten, selbst wesentlich aus dem Kleinbürgertum rekrutiert, profitierten von der Unpopularität der Moderne. Auch darf der Anteil der Neuen Sachlichkeit am Bauen in der Zeit der Weimarer Republik nicht überschätzt werden. Der winzigen Architekten-Avantgarde stand eine breite konservative Strömung entgegen, übrigens keineswegs nur in Deutschland. Obwohl sich dieses Neue Bauen vor allem als sozialer Dienst für eine Massengesellschaft begriff, war es in seiner intellektuell-ästhetischen Reduktion natürlich alles andere als volkstümlich.

In der Tat: Die Nazis wußten sich psychologisch geschickt der virulenten spießbürgerlichen Ressentiments zu bedienen. Mit ihrer Blut- und Boden-Ideologie trafen sie mitten hinein ins biedere Kleinstädterherz. Wie alle Dikaturen in ihrer Tendenz großstadtfeindlich, vereinnahmten sie das an sich sozialreformerische Konzept der englischen Gartenstadtbewegung auf ihre Weise mühelos in einer reaktionären völkisch-nationalen Perversion. Hitler hat im Siedlungsbau „Idyllen" (Friedrich Achleitner) geschaffen, um seine „Volksgenossen" über das hinwegzutäuschen, was tatsächlich geschah. Denn trotz aller verbalen Verherrlichung von Kleinstadtmilieu, Handwerk und Bodenständigkeit hatte auch im Dritten Reich die industrielle Entwicklung absolute Priorität. Wie hätte es anders für seinen Angriffskrieg rüsten sollen?

Leon Krier will das, zumindest in dieser Schärfe, nicht wahrhaben. Für ihn ist die „radikale Ausradierung dessen, was vom Handwerk und von der Kultur unter dem Nationalsozialismus noch gerade überlebt hatte", erst von den Nachkriegsarchitekten verursacht. Aber ihn leitet weder ein ihm nachdem nachgesagter neofaschistischer noch neomarxistischer Rigorismus, sondern eine eher romantisch-naive Vision der

Rückkehr zu einer vorindustriellen Gesellschaft. In ihrer freigewählten hierarchischen Ordnung sieht er die Voraussetzung dafür, an die vergangene Qualität stadtbauhistorisch bedeutender Epochen anknüpfen zu können.

Demokratische oder despotische Architektur?

Soll die frisch gewonnene „demokratische Transparenz" unserer neudeutschen Architektur schon wieder einer „autoritären" Baukunst geopfert werden? Seit einiger Zeit wird bei uns ja heftig gestritten darüber, was „demokratisch", was „autoritär" in der Architektur sei. Die Fronten sind ziemlich klar, die Argumente sind es weniger.

Für Günter Behnisch etwa ist „völlig unstrittig, daß die Assoziationen dahin laufen: geschlossene Formen = Feudalsystem; differenzierte Formen = pluralistische Gesellschaft. Lange Gerade liegt in der Nähe von Staat und Macht. Der alte Nierentisch lag in der Nähe von Individuum und Offenheit".

„Kindisch", sagt Leon Krier, „den Dächern von Zirkuszelten und den Windungen von Nierentischen den Ausdruck einer freiheitlich-demokratischen Rechtsordnung anzudichten", ebenso kindisch, „hinter einer Reihe dorischer Säulen die Immanenz irgendeiner politischen Macht" zu suchen. Aber sind die Formen der Architektur und des Stadtbaus wirklich unschuldig? Erfordern nicht machtvolle Formen auch mächtige Akteure, und lassen nicht organische und differenzierte Formen in der Tat Raum für das Individuum und die kleine Gruppe, die sich in Freiheit zusammenfindet, wie Lucien Kroll meint?

Helmut Spieker blieb es vorbehalten, in einem ganzen Buch alles das, was uns in der Baugeschichte von der Antike bis in die Neuzeit lieb und teuer war, als „totalitäre Architektur" – so der Buchtitel – zu rubrizieren und zu indizieren. Vom römischen Pantheon über Lukas von Hildebrandts Wiener Belvedere bis hin zu Thomas Jeffersons Universitätscampus im amerikanischen Virginia soll uns die Lust genommen werden; alles fällt unter dieses Verdikt. Ausgespart ist nur, merkwürdig genug, die noch um vieles kolossalere und geistliche Macht mehr denn Volksfrömmigkeit repräsentierende Kathedralgotik.

Kunst im Dienst der Herrschenden, als Verschleierung von Abhängigkeit und Unterdrückung: solche sozialkritische Gebetsmühle (mit Linksdrehung) hat ihre Wirkung nicht verfehlt. Wer wagt noch, eine palladianische Villa einfach als Artefakt ästhetisch zu genießen, ohne sie zugleich als frivole Manifestation von Herrschaft zu verurteilen? War sie nicht zuerst und vor allem Zeugnis einer ausbeuterischen gesellschaftlichen Praxis? Und der Architekt: War er nicht viel weniger Baukünstler als opportunistisch-parasitärer Erfüllungsgehilfe dieses Systems?

Ernst Bloch nimmt ihn in Schutz, wenn er in diesem Zusammenhang das Phänomen des kulturellen Überschusses anspricht: Seine zukunftsweisenden künstlerischen Blüten „bezeichnen allemal noch mehr als das falsche Bewußtsein, das eine Gesellschaft jeweils über sich selber hatte und zu ihrer Verschönerung standortgebunden verwandte. Vielmehr lassen sich diese Blüten durchaus von ihrem ersten gesellschaftlich-historischen Boden wegheben, indem sie selber, ihrer Essenz nach, an ihn nicht gebunden sind."

Die Problematik des Klassizismus ist sein offensichtlich ambivalenter Charakter. Wir stehen vor dem geschichtlichen Faktum, daß höchst unterschiedliche politische Ideologien und Systeme sich seiner gleichermaßen als architektonisches Ausdrucksmittel bedient haben. Sie tun es jedoch, wie Adolf Max Vogt einschränken zu können glaubt, nur dann, wenn sie diktatorische Grade der Machtausübung annehmen. Diese Feststellung gelte wenigstens seit der französischen Revolutionsarchitektur. Zweifellos eine Frage der individuellen Optik.

Für Thomas Jefferson, der der jungen amerikanischen Demokratie den Klassizismus verschrieb, symbolisierten die Architekturutopien der Revolutionszeit in Frankreich neue, hohe Menschlichkeitsideale. Er bezog sich bewußt auf diese „römische" Formensprache – die Revolutionsarchitektur –, weil er in ihr ein Instrument des Fortschritts sah und weil er die französische Revolution als logische Fortsetzung des amerikanischen Unabhängigkeitskriegs interpretierte. Er mußte allerdings selbst noch erleben, daß eben dieser Klassizismus auf dem europäischen Kontinent vom napoleonischen Imperialismus usurpiert wurde.

In der Bundesrepublik boten die Bauabsichten für ein neues Parlament in Bonn reichlich Stoff zum Nachdenken über die Frage nach dem „Bauen für die Demokratie". Es scheint leichter zu sein, sich darüber zu einigen , wie ein „demokratisches" Gebäude nicht aussehen darf, als darüber wie es aussehen könnte. Aus solchem Dilemma entstehen dann „demokratisch", das heißt durch Einigung auf den schwächsten gemeinsamen Nenner, jene typischen Verlegenheitslösungen von Bauten, die die Demokratie als politischen Prozeß lediglich ermöglichen und bloß funktionell sind.

Verzicht auf architektonische Artikulation als demokratische Tugend? Dies kann Ulrich Conrads nicht meinen, wenn er dennoch von „neuer Baukunst" als dem Versuch spricht, „für eine Gesellschaft zu bauen, deren état social nicht mehr nach Ausdruck drängt, sondern die im Vollzug ihrer selbst, das heißt: sie selbst zu sein, ihr Ziel hat und also auch ihr Genügen findet".

Max Bächer hält dagegen, daß Demokratie in besonderem Maße Formsache sei, „weil die Freiheit für den Einzelnen nur durch Ordnungen gewährleistet werden kann. Sie braucht erkennbare und verständliche Hierarchien und Formen, nicht als notwendiges Übel, sondern als Verbindlichkeit. Eine Staatsform, die sich als repräsentative Demokratie versteht, muß keine Angst davor haben, sich auch mit Stolz zu repräsentieren und das bildhaft zu veranschaulichen."

Eines steht fest: Autoritäre Staaten haben der Architektur von jeher einen höheren Stellenwert eingeräumt als demokratische Gesellschaften. Soll man daraus den Schluß ziehen, daß autoritäre Regierungen der Baukunst günstigere Voraussetzungen bieten als demokratische? Ist es das Schicksal parlamentarischer Demokratien, ist das der Preis, den wir für die größere individuelle Freiheit zu zahlen haben, daß sie kulturell grundsätzlich ärmer sind?

Rationalismus und Faschismus

Die ideologischen Schwierigkeiten im Umgang mit der Architektur Aldo Rossis und seiner neorationalistischen Schule haben ursächlich zu tun mit ihrem unmittelbaren Bezug auf Giuseppe Terragni und den italienischen Früh-Rationalismus. Während sich Rossi und die Seinen selbst als Marxisten verstehen, knüpfen sie doch an eine Tendenz der zwanziger Jahre an, eben jene „tendenza", die sehr bald im Mussolini-Fachismus aufgehen sollte. Der Fall Rossi wird dadurch nicht einfacher, daß Rossi sich nicht scheut, seine Bewunderung für den sogenannten sozialistischen Realismus der stalinistischen Ära unverhohlen zu äußern, weil er ihn für eine „enorme kollektive Leistung" hält, „die populär bei den einfachen Leuten ist und uns heute Lektionen erteilen kann zur Idee der Straße und des Monuments".

Die moderne Bewegung wurde im faschistischen Italien anders als im nationalsozialistischen Deutschland nicht von Anfang an durch Vertreibung und Verbot unterbrochen. Rationalismus und Staatsklassizismus bestanden verhältnismäßig lange nebeneinander, wobei sich Gestaltungsvorstellungen und Formensprache in parallelen, einander oft auch durchdringenden Tendenzen entwickelten. Von der Illusion, den Faschismus unterlaufen und von innen her verändern zu können, führte der Weg der Rationalisten selbst jedoch schließlich unabwendbar ins faschistische Lager.

Daß das Schicksal des Modernismus im Italien Mussolinis einen so ganz anderen Verlauf nahm als in Hitler-Deutschland, lag wohl letztlich daran, daß – sehr unterschiedlichen Intentionen über die anzuwendenden Mittel zum Trotz: hier „sehr grob und entblößt ein Formalismus, eine Regimerhetorik", dort „feiner und verlockender eine Rhetorik des Abstrakten, eine Emphase des Purismus" (Giorgio Grassi) – die gemeinsame Grundvorstellung auf eine nationale Tradition und Identität, die „romanità", gerichtet war. Das rationalistische Manifest formuliert das „Verlangen nach Wahrheit, Logik, Ordnung, eine Klarheit, die vom Hellenismus weiß". (Auch für Jürgen Habermas hat das Moderne „einen geheimen Bezug zum Klassischen".)

Vor diesem Hintergrund sind die Arbeiten Aldo Rossis zu sehen. Rossi steht der Bedingungslosigkeit der klassischen Moderne in seinem unbeirrten Glauben an eine ideale Gesetzlichkeit nahe, wendet sich aber gegen ihre erfolglose funktionalistische Methode und bestreitet entschieden, daß die Architektur aus den besonderen Bedingungen des Lebens ableitbar sei. Er will sie vielmehr in den künstlerischen Bereich zurückführen und sieht sie als eigenständige Disziplin, „die ihre weitgehend objektiven und ahistorischen Gesetzmäßigkeiten und somit auch ihre formale Legitimation in sich trägt" (Vittorio Magnano Lampugnani). Derselbe Anspruch steht auch hinter den Formen des Klassizismus, Kunstmitteln, die im Gebauten die Zweckbestimmung überhöht als allgemeine Idee ausdrücken sollen.

Rossi bemüht sich um eine Syntax „leerer" Zeichen wie Kegel, Quader, Prisma. Allein, sobald er dazu übergeht, aus den Zeichen eine Formensprache abzuleiten, „entdeckt er wieder die Willkür der Formen" (Manfredo Tafuri). Gegner seines Werks bescheinigen ihm eine De Chirico-hafte Leere und Leblosigkeit, die lähmt, bedrückt, ja, Angst macht. Die Reduktion des klassischen Vokabulars evoziert zwangsläufig die dahinter aufscheinenden, weltanschaulich belasteten historischen Muster.

So scheint das Bemühen um „autonome" Formqualität, um Autonomie der Architektur als Kunst, die sich in einer realitätsentrückten Sphäre ereignen kann, vergebens. Und selbst eine „relative" Autonomie, die im Sinne einer idealisierenden Wirkung und transzendierenden Qualität, wie sie der historischen Architektur in ihren Höhepunkten eignet, nur die alltägliche Wirklichkeit hinter sich lassen möchte, bleibt fragwürdig.

Form und Bedeutung

Wenn Architektur Sprache ist, dann mag ihre Syntax neutral sein, ihre Rhetorik ist es nimmermehr. Formen sind die Wörter dieser Sprache. Wörter einer Sprache aber bezeichnen nie nur sich selbst, sie stehen für etwas, weisen über sich hinaus. Die rationalistische Suche nach einer bedeutungsfreien Formensprache ist, so gesehen, ein Widerspruch in sich. Eine Säule, eine architektonische Form also, ist eben, um Gertrude Stein zu widersprechen, nicht nur eine Säule. Am Beispiel zeigt sich, daß die Zeichen der Bildsprachen, die eher unscharf, dafür aber komplexer in ihrer Mitteilungsfähigkeit sind, nicht die Eindeutigkeit der Zeichen der Wortsprachen haben. Die Gedankenverbindungen sind subjektiv beeinflußt.

Das Wiederaufleben der klassischen „Sprache" der Architektur, der Rückgriff auf historische Bauformen – in der Architekturgeschichte an sich fast etwas Alltägliches –, macht es notwendig, nach ihrer bisherigen Bedeutung zu fragen. Das heißt nicht, wie durchaus schon gefordert, Formen und Ordnungen, die eine mehrtausendjährige Entwicklung vorzuweisen haben, nur deshalb ein für allemal mit einem Bann zu belegen, weil sie ideologisch und politisch mißbraucht worden sind. Andererseits ist es ein Irrtum zu glauben, ihre lange Geschichte habe sie mit Ewigkeitswert ausgestattet. Die Abhängigkeit von Ideologie und architektonischer Form besteht. Ich kann sie nicht einfach ignorieren, ohne Gefahr zu laufen, falsch interpretiert zu werden.

Charles Jencks wirft Rossi vor, daß er nicht weniger naiv als die Architekten der Moderne nur die Bedeutung sehe, die er selber assoziiert, und voraussetze, daß sie und nur sie durch seine Bauformen mitgeteilt werden. Tatsächlich werden sie oft genug diametral entgegengesetzt zu den ihrer Wahl unterlegten Intentionen verstanden.

Die Interpretation visueller Tatbestände bleibt ambivalent. Symbole sind mehrdeutig. „Nach der einmal erfahrenen Vertauschbarkeit der ästhetischen Werte läßt sich an die Unantastbarkeit der in der Gesellschaft gelebten Werte, die ja vor allem Konventionen sind, nur noch schwer glauben" (Martina Schneider). Die Vorstellung, daß sich Formen und Ordnungen auf Dauer mit denselben Inhalten verbinden, ihr Ewigkeitsanspruch innerhalb reiner Baukunst, ist eine typisch idealistische Denkfigur. Bedeutungen wandeln, verlieren und erneuern sich im Lauf der Geschichte.

Wer Formen von ihren tradierten Bedeutungen losgelöst, das heißt, von der Erinnerung an bisherige Bedeutungen befreit, neu verwenden will, muß eben diesen Assoziationen entgegenarbeiten. Die neorationalistischen Projekte sind solche Versuche der Bedeutungsumwandlung assoziativ besetzter Formen. Aber es mag Jahrzehnte neuen Gebrauchs erfordern, ehe die alten Bedeutungen ausgelöscht sein werden.

Vielleicht ist diese Prognose aber auch zu pessimistisch. Umberto Eco hat (mit Berufung auf Gillo Dorfles) das Phänomen des Verbrauchs von Formen, des Verfalls ästhetischer Werte, beschrieben, das zwar für jede Art von Kommunikationsprozeß an sich charakteristisch sei, jedoch in einer Zeit der sich immer rascher ablösenden, ja, überstürzenden Ereignisse auffälliger in Erscheinung trete. Die Zeichen und ihre ideologischen Hintergründe wechseln immer schneller. Tatsächlich werden sie jedoch in der Gegenwart wie kaum je zuvor mit größerer Schnelligkeit auch wieder aufgegriffen und vor ihrem scheinbaren Verfall bewahrt. Eco nennt das eine atemberaubende und abenteuerliche Bewegung der Neuentdeckung von ursprünglichen Kontexten und der Erzeugung neuer Zusammenhänge bei der Begegnung mit einer Form.

Auch in der Vergangenheit hat es das Phänomen der philologischen Wiederentdeckung früherer Ideologien und Rethoriken gegeben. Man denke an den Humanismus. Heute aber entwickelt sich dieses Phänomen nur noch an der Oberfläche, ohne die kulturelle Basis zu berühren. Es ist nichts anderes mehr als eine bloße „Styling-Operation", das Entwerfen immer neuer symbolischer Verpackungen für unverändert bleibende Inhalte.

Dies ist genau die Attitude und die Methode all jener in irgendeiner beliebigen Weise historisierenden architektonischen Richtungen, die – weil „in Opposition zur Moderne" – heute unter den Begriff der Post-Moderne gebracht worden sind. Ihnen gegenüber möchte man nun aber den idealistischen Rationalismus eines Aldo Rossi oder Giorgio Grassi denn doch entscheidend abgrenzen und in Schutz nehmen, weil ihren Werken im Gegensatz zu den postmodernen Bemühungen sehr wohl ein kulturelles Konzept zugrunde liegt.
(1983)

Das Lächeln in der Architektur

Wer etwas so Lebendiges wie das Lächeln mit der leblosen Architektur gedanklich verbindet, setzt eine Analogie von Bauwerk und Physiognomie voraus. Seit der Renaissance bemüht die Architekturtheorie das Gesichtsbild. Das anthropomorphe Argument ist ein Argument der Eitelkeit: Der Mensch will sich in seiner Architektur wiederfinden.

Mona Lisa – Metapher für das geheimnisvolle Lächeln in der Kunst. Das immerwährende Lächeln Asiens ist uns unheimlich. Es hat seine Wurzeln im abendlandfernen Buddhismus. Sein Weg der Achtsamkeit ist milde, freundlich, nachsichtig.

Lächeln kann ein Zeichen von Hilflosigkeit sein, es kann auch ein Kopfschütteln bedeuten. Ich kann mir eine lachende Maske überstülpen. Das Lächeln wird zum Selbstschutz, zur Tarnung, wird Täuschungsmanöver.

Weiß man denn immer, ob man lachen oder weinen soll? Man lacht viel und laut, wenn man nichts zu lachen hat. Lache, Bajazzo! Doch wie's da drin aussieht, geht niemand was an.

„Lächelndes Rokoko" wurde zum Topos. Zugleich gilt es aber auch als frivol, weil es nur den happy few das Leben verschönen durfte, den Vorabend der Revolution, der für die meisten von ihnen auf dem Schafott endete.

Kann, darf, soll Architektur, die ihrer „Natur" nach statisch ist, lächeln, also eine Gemütsbewegung zeigen? Etwas anderes wäre eine architektonische Haltung, die sich an menschlichen Grundstimmungen ausrichtet, an der Heiterkeit beispielsweise. Die Frage hat mit dem „transitorischen Moment" – Lessing: Laokoon! – zu tun, der zu beachten ist, um Wahrnehmung zu stabilisieren und den (Kunst-)Betrachter nicht zu beunruhigen.

„Ein Haus, das dauernd lacht, kann einem auf die Nerven gehen." Manfred Sack meinte das Hundertwasser-Haus in Wien.

Zweifellos gibt es heitere und ernste Bauten, aber nicht jede Säulenreihe ist finster und jede Glasfront fröhlich. Sind Fosters Bürohäuser heiter, und ist es Schinkels Museum etwa nicht? Läßt sich eine Gleichung aufmachen leicht = heiter, schwer = ernst?

Den Olympiabauten in München ist Heiterkeit bescheinigt worden, weil auch die sogenannten Spiele selbst „heiter" gewesen sein sollen – jedenfalls nach PR-Verständnis. Gibt es aber Verbisseneres als Sport, der um Bruchteile von Sekunden und Zentimetern kämpft(!)?

Ernst das Leben, heiter die Kunst? Das Umgekehrte wäre mir lieber. Die Postmoderne mag lächeln, weil sie nichts ernst nimmt, das Leben nicht, den Menschen nicht, auch nicht sich selbst, schon gar nicht die Kunst.

Auf der Suche nach Belegen blättert man in Charles Jencks' Beispielsammlungen: Wenn Architektur tatsächlich lächeln sollte, dann doch wohl die postmoderne. Aber lächelt Stirlings Staatsgalerie in Stuttgart? Lächelt Charles Moores Piazza d'Italia in New Orleans oder nur das wasserspuckende Porträtmedaillon des Architekten?

Die Mittel, mit denen postmoderne Architekten ihren Kreationen ein Lächeln aufzuschminken versuchen, sind Ironie – diese vor allem – und Persiflage, Travestie, Unkanonisches um jeden Preis.

Ironie ist der meistgebrauchte Kunstgriff *dieser* Postmoderne, die sich auf nichts festlegen läßt. Ihr charakteristisches Stilmittel ist das Als ob, die Uneigentlichkeit. Nichts ist so gemeint, wie es gemeint sein könnte.

Die Moderne wird nachträglich als lustfeindlich verteufelt. Postmoderne Architektur soll wieder Spaß machen: Der Unterhaltungswert des Bauens wird entdeckt. Postmodernes Bauen meint eher seinen Betrachter als seinen Bewohner.

Zur Unterhaltung gehört das Lachen. Wenigstens ein Lächeln müßte möglich sein. Sobald Architektur als Teil der Unterhaltungsindustrie genommen wird, das heißt nur noch als Bild, können Bewertungskategorien ins Spiel kommen, die bisher nicht mit der Baukunst in Verbindung gebracht wurden. Dann gehört Architektur zum Beispiel auch ins Land des Lächelns. Dann wird der Architekt zum Entertainer und Spaßmacher, der sich immer etwas Lustiges einfallen lassen muß. Architektur mit Witz sollte nicht mit Witzen in der Architektur verwechselt werden. Witze verbrauchen sich schnell. Einmal an den Mann gebracht, sind sie uninteressant geworden. Die Pointe zündet nur einmal. Gebautes ist dauerhafter, auch wenn man das gar nicht möchte.

Als Vorläufer des Architekten als Unterhaltungskünstler fällt mir Giulio Romano ein. Ist sein Palazzo del Tè nicht der erste ironische Beitrag zur Architektur? Oder sollte der Herzog von Mantua weniger über den Architekten als über den Pornographen Romano gelächelt haben?

„Ironie ist die letzte Stufe der Verzweiflung." Der „schönere" Spruch aber heißt: „Der Witz ist die Höflichkeit der Verzweiflung".
(1987)

Museum Aachen, Eingangshalle

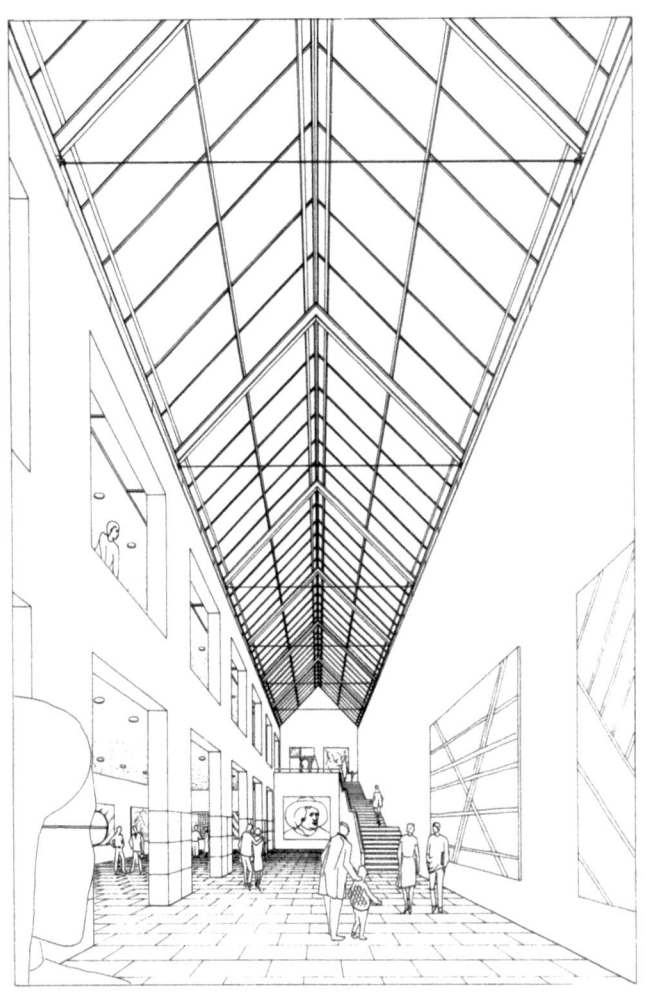

Museum Aachen, Wechselausstellung

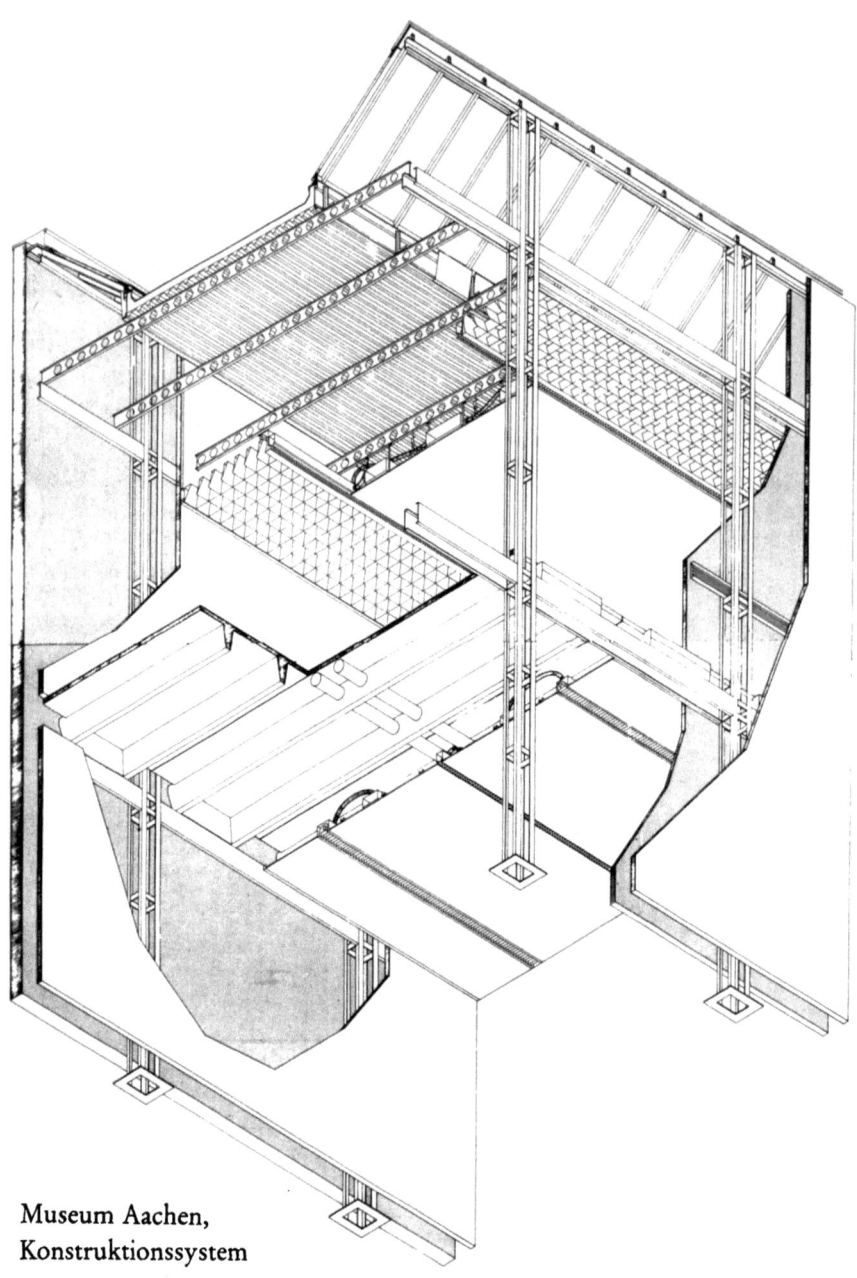

Museum Aachen,
Konstruktionssystem

Museum Aachen

3 Schein und Sein

Über Ehrlichkeit in der Architektur

Die rustizierte Sandsteinfassade der Alten Pinakothek in München (1822–1836 von Leo von Klenze erbaut) besteht aus geschichteten Werksteinquadern, die sich mit dem hintermauerten Ziegelmaterial zu homogenem Mauerwerk verbinden. Die Wand ist, was sie zeigt. In ihrer strukturellen Einfachheit erfüllt sie gleichermaßen alle an sie zu stellenden Ansprüche: sie grenzt das Innere gegen das Außen ab, sie ist in sich standfest, trägt Geschoßdecke und Dach, sie schützt vor den Unbilden der Witterung und vor Klimaschwankungen, und sie ist zum Anschauen und auch zum Anfassen gemacht.

Die glatte Sandsteinfassade der ihr gegenüberliegenden Neuen Pinakothek von Alexander von Branca (1967–1981) dagegen, deren Natursteinmaterial aus dem selben Bruch stammt, präsentiert weniger als ein Viertel der ganzen Wahrheit: die „Quader" sind tatsächlich dünne Platten, durch steinmetzmäßig bearbeitete Streifen und Eckprofile allerdings geschickt bereichert, die, vorgehängt, eine hinterlüftete Außenhaut bilden, deren einzige Aufgabe es ist, den Betrachter zufriedenzustellen. Denn hinter dieser äußeren Schale verbergen sich Schicht um Schicht andere Schalen, die alle anderen Aufgaben der beim älteren Gebäude noch komplex funktionierenden Wand nun zerlegt in Einzelfunktionen übernehmen.

Mit anderen Worten: im Gegensatz zu dem Bau des 19. Jahrhunderts gibt es beim Neubau einen Widerspruch zwischen dem Erscheinungsbild, das den Eindruck einer homogenen Außenwand vermittelt, und der konstruktiven Wirklichkeit des mehrschaligen Wandaufbaus – eben eine Architektur als Inszenierung, nicht als ehrliches Abbild ihrer Realisation.

In Stuttgart hat James Stirling jüngst bei seiner Neuen Staatsgalerie den alten Giulio-Romano-Scherz der „herausfallenden Steine" wieder hervorgeholt, aber leider nicht wirklich aktualisiert: Die einzigen echten Steine liegen im Gras. Eigentlich hätte er einen richtigen Plattenscherbenhaufen im Vorgarten ausschütten und an der Wand verbogene und halb herausgerissene Stahlanker baumeln lassen müssen!

*

Hat das moderne Postulat der Materialgerechtigkeit und der Konstruktionsehrlichkeit seine Verbindlichkeit eingebüßt? Oder auch: War es je wirklich verbindlich?

Dieses Verlangen nach Ehrlichkeit im Bauen muß vor dem Hintergrund der historisch kostümierten Architektur und des Industriekitsches der Gründerzeit bedacht werden. Hendrik Petrus Berlage hatte die „Scheinarchitektur" des Eklektizismus der Lüge geziehen, und John Ruskin, kein Architekt, aber Wegbereiter eines neuen Bauens, hatte seine Forderung nach Moral in der Architektur erhoben. Die ästhetisierende Formenwillkür des ausgehenden 19. Jahrhunderts erzwang geradezu die Fragestellung nach dem wahrhaft Not-Wendigen. Das wurde in Baustoff und Baukonstruktion gesehen.

Diese Rückbesinnung auf die Grundbedingungen des Bauens war um so dringender, als mit dem Aufkommen immer neuer Materialien auch ganz andere Konstruktionen möglich wurden, deren Eigensinn die Architekten des Historismus jedoch entweder nicht erkannten oder aber nicht annehmen wollten. Le Corbusiers berühmte „Fünf Punkte einer neuen Architektur" beispielsweise beziehen sich ausdrücklich auf die spezifischen Eigenschaften des Stahlbetons als neuen Baustoff.

Im Funktionalismus der frühen Moderne sehen wir eine weniger ästhetisch als ethisch motivierte Reinigungskraft am Werk. Mit dem Ruf nach konstruktiver Logik und Evidenz ist der Grundsatz der Ökonomie des Mitteleinsatzes ins Spiel gebracht – nicht im Sinne von wirtschaftlicher Billigkeit, sondern als spirituelles Prinzip und (so wurde es gewertet) umfassendes Moralgesetz für das Gestalten, das höchste Leistung bei geringstem Aufwand zum Ziel hat.

*

Der Begriff der architektonischen Ehrlichkeit kommt schon im 18. Jahrhundert bei Carlo Lodoli vor und durchzieht seitdem die rationalistische Architekturtheorie, die Wahrhaftigkeit in den Ursprüngen suchte. Nach den typologischen Begründungsversuchen eines Claude Perrault oder J.N.L. Durand kam mit Eugène Viollet-le-Duc und Auguste Choisy der ehrliche Ausdruck von Struktur und Material als grundlegend hinzu. Die Prinzipien des strukturellen Rationalismus, wie sie noch um die Jahrhundertwende von Julien Guadet gelehrt wurden, beeinflußten über dessen Schüler Tony Garnier und Auguste Perret unmittelbar die Architektur der Moderne.

*

Architektonische Qualität und konstruktive Stringenz bedingen einander nicht zwangsläufig. Daß die Gestalt sichtbarer Ausdruck der Konstruktion ist, d.h. aus dieser ihre Qualität bezieht, bildet – historisch gesehen – eher die Ausnahme. Man könnte ebenso viele Bauwerke von höchster Qualität aufzählen, die diese nicht ihrer konstruktiven Einsichtigkeit verdanken, wie solche, die trotz überzeugender konstruktiver Logik überhaupt keinen künstlerischen Rang beanspruchen können.

Was heißt materialgerechtes Gestalten im Angesicht des Parthenon, da wir doch wissen, daß seine dorische Ordnung in Stein übersetzte Holzbauform ist? Und was bedeutet ehrliches Konstruieren, wenn wir erfahren, daß nicht erst klassizistische Tempel von versteckten Armierungseisen zusammengehalten werden, sondern auch der Architrav des Parthenon an der Stelle extremster Belastung, unter den Giebelskulpturen, mit verborgenen Eiseneinlagen verstärkt ist?

Selbst die ehrlich konstruierenden Bauhütten der so struktural gedachten frühen und hohen Gotik kommen ohne das Eisen als heimliches Hilfsmittel nicht aus. Ketten umspannen – man entdeckte das erst bei jüngsten Sanierungsbemühungen – die fragilen diaphanen Wände des Aachener Münsterchores wie ein Korsett und machen dessen Schlankheit und Transparenz erst möglich.

Während beim hochgotischen Gewölbesystem die Rippen alle Kräfte in die Pfeiler übertragen und die dazwischengespannten dünnen Schalen nur versteifende Funktion haben, sind die Rippennetze spätgotischer Gewölbe statisch ohne Sinn geworden, sind nurmehr dekorative Zutat.

Von der Renaissance bis hin zum Historismus werden die tatsächlichen Konstruktionszusammenhänge mit ganz anders gearteten tektonischen Vorstellungen überlagert: bildhaft-ornamental mit Hilfe eines variablen Formenschatzes, der aus den sogenannten klassischen Ordnungen geschöpft ist.

Im Manierismus wird aus dem Gegensatz von Schein und Sein ein absichtsvolles Spiel, werden tatsächliche Verhältnisse parodistisch auf den Kopf gestellt, tradierte Bedeutungen in ihr Gegenteil verkehrt. Als Beispiel sei Michelangelos Biblioteca Laurenziana genannt, bei der die Säulen entlastet und dafür die Wandfüllungen belastet sind.

Auch im Barock geht es um die scheinbare Überwindung der Naturgesetze. Illusionistische Raumauflösung wird mit allen erdenklichen Täuschungen versucht. Eine virtuos beherrschte Bautechnik ist nur noch Mittel zum Zweck. Sie spielt mit der Schwerkraft, der Festigkeit, den materiellen Widerständen. Wo sie an die Grenzen baulicher Umsetzung stößt, muß die Malerei weiterhelfen, die Augentäuschung zu vollenden.

*

Und die moderne Architektur: Wie nahe kommt sie dem eigenen Ideal der Ehrlichkeit?

Beherrscht von der Vorstellung, daß die Industrialisierung des Bauens dem sozialen Fortschritt diene, entwickelten die Vertreter der Neuen Sachlichkeit ihre Formensprache mehr oder weniger nach dem Leitbild einer Vorfertigung, die die Bauwirtschaft noch gar nicht zu bieten hatte. Ihre Bauten geben sich den Anschein, industriell gefertigt zu sein, und waren doch handwerklich-konventionell hergestellt. Das Werk dieser „Materialgerechten", so lautet die harsche Kritik, sei ein einziges Versteckspiel gewesen. Die sichtbaren Strukturen von Mies van der Rohes kristallinen Stahl-Glas-Gehäusen haben bekanntlich mit den tatsächlichen Traggerippen nichts zu tun. Diese verschwinden hinter feuersicheren Ummantelungen, die sie – undekoriert – wie Stahlbetonskelette erscheinen lassen würden. Also „inszeniert" Mies seine Stahlbauten, weil er den tragenden Stahl nicht zeigen durfte. Die sichtbaren Stahlprofile sind lediglich Atrappen, die das verborgene Tragwerk symbolisieren sollen.

Und Le Corbusier? Der Chefideologe der Moderne war der erste, der sich über die von ihm verkündeten und für allgemeinverbindlich erklärten Thesen zur Architektur der Ehrlichkeit hinwegsetzte, um hinfort seine großartigen Bauten in Szene zu setzen. In Ronchamp ist, wie man weiß, alles ganz anders, als es aussieht oder als man glaubt: Die scheinbar wuchtig-massive Mauer mit den unregelmäßigen Lichtöffnungen besteht konstruktiv aus zwei dünnen Wandschalen in Stahlbetonskelettbauweise mit Ausfachungen; und das Dach, das eine Beton-Hängeschale zu sein scheint, ist mit Stahlgitterträgern konstruiert worden.

*

Wenn ich ein radikal ehrliches Bauwerk unserer Zeit nennen soll, dann fällt mir eigentlich nur Alison und Peter Smithsons Schule in Hunstanton ein. Mit brutaler Direktheit, ungeschönt und gerade darin ästhetisch anspruchsvoll, stellt sie sich dar als das, was sie tatsächlich ist: aufrichtiges Zeugnis dessen, was die Technik des Bauens in den fünfziger Jahren vermag. Die offen gezeigten Installationen sind so rüde, wie der Markt sie nun einmal anbietet. Aber Wasser und Elektrizität kommen nicht mehr aus geheimnisvollen Löchern in der Wand. Ihre Dienste für das Haus und seine Benutzer werden anschaulich gemacht. Das ist kritischer Realismus und also das absolute Gegenteil von gegenwärtiger High-Tech-Architektur, die auf eine eher affirmative Weise der Technologie das Wort redet, richtiger: das Wort überläßt. Objekte wie das Sainsbury Centre von Norman Foster sind einsame Spitzenprodukte einer technischen Realität, die für das Bauen grundsätzlich anders, nämlich immer noch sehr unbeholfen ist.

*

Selbstverständlich braucht Architektur die Technik zu ihrer Verwirklichung. Mit ihrer Hilfe erst wird sie Gestalt. Form und technische Dimension von Architektur sind eng miteinander verbunden. Das Verhältnis von Formfindung und konstruktiver Realisation ist aber ähnlich umstritten wie die Beziehung zwischen Form und Inhalt einer Bauaufgabe.

Die architektonische Form drückt sich zwar materiell in den bautechnischen Mitteln aus, ist jedoch mehr als die Summe dieser Mittel. Eine Form läßt sich technisch auf verschiedene Weise verwirklichen. Die gewählte Technik wirkt aber auf die Gliederung der Form zurück. Es gibt Formen, die nur mit einem ganz bestimmten Material oder auf eine einzige Weise zu konstruieren sind. Anders ausgedrückt: Jeder Baustoff und jede Konstruktionsart erlauben nur eine begrenzte Anzahl von Formen. So gesehen besteht in der Tat eine wechselseitige Abhängigkeit von Form und technischen Mitteln.

Die funktionalistischen Architekten sahen den Zusammenhang von Form und Konstruktion ebenso kausal wie den von Form und Funktion. Die technisch richtige und logisch aus den Naturgesetzen abgeleitete Lösung hat aber nicht automatisch ästhetische Qualität.

*

Architektur ist Raumkunst. Zweck des Bauens ist das Schaffen von bergenden Räumen für menschliches Leben und Zusammenleben. Der Raum, wenn er nicht, wie in den Anfängen, Höhle ist, wird einem Körper eingeschrieben. Dieser muß haltbar, will konstruiert sein. Anders ist Raum nicht herzustellen.

Gottfried Semper und Viollet-le-Duc sind die Exponenten der das 19. Jahrhundert bewegenden Kontroverse darüber, was Vorrang habe beim Bauwerk: das Raumbilden oder das Baukonstruieren. Für Semper, der sich auf die Architektur der Römer berief und die für das Thema relevante Bekleidungstheorie mitentwickelte, ist es das Schaffen von Räumen. Für den Gotiker Viollet, Vertreter der Gattung des damals ganz modernen Ingenieur-Architekten oder Architekten-Konstrukteurs, stehen natürlich das Konstruieren und dessen architektonische Darstellung im Vordergrund.

Ob die Technik machen muß, was man will, oder ob man zu machen hat, was die Technik verlangt, ist eine Frage, auf die es *eine* Antwort nicht geben wird. Das ist kein Streitfall, der verbindlich entschieden werden müßte oder könnte. Es handelt sich dabei um polare Positionen, zwischen denen jeder Baumeister seinen Standort suchen und einnehmen muß.

*

Die Vorstellung von einer Wand ist in Mitteleuropa durch die bis in dieses Jahrhundert gebräuchliche Form des starken Vollziegelmauerwerks geprägt, das, meist verputzt, gelegentlich auch mit wertvollerem Stein verblendet, eine mehrtausendjährige Tradition hat. Sie genügte allen technischen Ansprüchen, wie denen der Standfestigkeit und des Wärme-, Kälte-, Feuchtigkeits- und Schallschutzes.

Seit einigen Jahrzehnten aber ist diese massive Konstruktion durch eine Vielzahl materialsparender neuer Bauweisen verdrängt worden, denen allen gemeinsam ist, daß die bisher homogene Wand in unterschiedliche Funktionsschichten aufgeteilt wird: in tragende, dämmende, verkleidende, aus jeweils anderen dafür geeigneten Baustoffen. Diese Entwicklung ist einerseits in dem Zwang begründet, von der handwerklichen immer mehr zur industrialisierten Produktion überzugehen, ist zum anderen aber auch gestiegenen Komfortansprüchen und zunehmenden Normierungsbedürfnissen anzulasten. Sie führt dazu, daß das Bauen immer komplizierter und kostspieliger, auch immer risikoreicher und wartungsanfälliger wird. Über die Dauerhaftigkeit solcher Wandkonstruktionen kann man keine Prognosen wagen. Sie macht aber mit Sicherheit nur einen Bruchteil der Lebensdauer konventioneller Mauern aus.

*

Diese Entwicklung förderte den Hang zur Verkleidungs- und Verpakkungsarchitektur, der billigen Patentlösung aller Bautechnologen. Ihr verdanken wir die struktur- und konturlosen Containerbauten für Industrie, Handel, Gewerbe und Verwaltung, die das Bauen vor allem an den Siedlungsrändern unserer Städte und Dörfer zur Umweltzerstörung werden lassen. Hier ist Mehrschaligkeit, hinter der alles, auch die Konstruktion, verschwindet, der willkommene Vorwand für planerisches Nichtwollen und gestalterisches Nichtkönnen.

*

Die modernen Strukturformen sind ohne Wissen nicht mehr zu erfassen. Sie verlangen Sachverstand, um nicht zu sagen: Fachverstand, und verweisen damit auf ihre ausschließliche Zugehörigkeit zur wissenschaftlich-technischen Welt. Eine auf Funktion und Konstruktion und deren Rationalisierung reduzierte Architektur vermag die emotionalen Ansprüche an das Bauen, das Bedürfnis nach einem sicheren Gefühl des Behaustseins nicht mehr zu befriedigen.

Es bleibt offen, ob die Konstruktion für das normale Raumerlebnis überhaupt Bedeutung hat – auch wenn wir an Louis Kahns Behauptung festhalten möchten, daß sich in einem Raum nur wirklich wohlbefindet, wer in ihm auch wahrnehmen kann, wie er gemacht ist. Dafür habe der Architekt zu sorgen.

Stellen wir fest, daß Ablesbarkeit und Einsichtigkeit der Konstruktion nur eine der architektonischen Botschaften sein können, die von einem

Bauwerk ausgehen, weil die Baugestalt auch für andere Inhalt steht, seit eh und je, die von Fall zu Fall wichtiger sein mögen.

*

Das Versprechen auf konstruktive Ehrlichkeit, wie die Moderne es zwar forderte, selbst aber nicht einzulösen vermochte, ist so nicht haltbar. Das Ethos, das dem kundigen handwerklichen Umgang mit natürlichen Baustoffen gleichsam a priori innezuwohnen schien, läßt sich nicht ohne weiteres auf die Handhabung von Industrieprodukten und künstlichen Materialien übertragen, die anderen Gesetze folgt und den Einfluß persönlichen Handelns auf das Ergebnis tendenziell ausschließen möchte.

*

War der Architekt der Alten Pinakothek wirklich ehrlicher als der Architekt der Neuen? Macht es einen so fundamentalen Unterschied, ob das Sichtmaterial ein bißchen dicker oder dünner, vorgemauert oder vorgehängt ist?

Für ein anderes Werk Klenzes hätte ich dazu den abfälligen Kommentar eines Münchner Taxifahrers, also doch so etwas wie „Volkes Stimme" (?), anzubieten. An den Propyläen des Königsplatzes vorbeifahrend, fragte er eher rhetorisch, was denn schon dran sei an dieser falschen Antike. Er hatte während der Restaurierungsarbeiten vor Jahren genauer hingeschaut und erinnerte sich: alles Augenwischerei! Ob ich wohl wisse, daß das ja eigentlich bloß ein Bau aus schlichten Ziegelsteinen sei? (1985)

Architektur als Kulisse

War Stadtbaukunst je anderes als Kunst der Inszenierung? Inszenierung dessen, was man sich jeweils unter „Stadt" vorstellte? Haussmann setzte einst in Paris für Napoleon III. das zweite Kaiserreich in Szene. Und wir inszenieren nun für unsere egalitäre Wohlfahrtsgesellschaft in Dortmund und in Filderstadt die Alltagswelt.

Die Kulissenschieberei hat Tradition. Sprichwörtlich sind die Dörfer des Fürsten Potemkin, Trugbilder aus der Theaterwerkstatt, von denen sich seine Zarin willig täuschen ließ.

Embellissement, historische Stadtverschönerung, Eingriff in ästhetisch unbefriedigende Zustände, geschah vielfach mit Hilfe von Kulissenhaftem. Das reichte von vorgeblendeten Fassaden (Rue de Rivoli) bis zur Errichtung zweckloser Bauten (Feldherrnhalle). Manche barocke Platzschöpfung war weiter nichts als der Bühnenprospekt für die Regie pompöser Auf- und Umzüge. Teatrum mundi.

Warum soll der Mensch – homo ludens – nicht spielen? Nicht seinem Spieltrieb nachgeben dürfen, statt, von Moralaposteln immer wieder dazu angehalten, nur gegen sich selbst zu leben? „Architektur – Spielraum für Leben": Ich erinnere mich an einen solchen Buchtitel. Bühne heißt auch Spielraum.

Die Welt als Bühne, das Leben als Inszenierung! Sein Rahmen: Versatzstücke, die man nach Belieben aufbauen und abbauen kann. Auf der Bühne wird Theater gespielt. Nicht wirkliches Leben ereignet sich dort. Die Welt der Bühne ist eine Scheinwelt. Einer macht anderen etwas vor: Maskerade zwischen Attrappen.

Die Architektur wird zum Bühnenbild, der Architekt zum Bühnenbildner, der Architektur macht, wie man Theater macht. Kulissen täuschen Wirklichkeit nur vor. Sie stehen nicht für sich selbst, sind also gleichsam Metaphern der Uneigentlichkeit, jenes „postmodernen" Lebensgefühls des Als-ob, das nichts mehr bei seinem Namen zu nennen weiß, sondern nur noch in Anführungszeichen redet. Damit wird aber alles möglich: „anything goes." Wer hinter die Kulissen schaut, sieht nichts.

Ihr provisorischer Charakter und ihre vergängliche Machart lassen eine Architektur als Kulisse zum Ärgernis werden für einen jeden, der Baukunst *sub specie aeternitatis* zu betrachten gewohnt ist. Architektonische Qualität wird – Erbübel aller Kunsthistorie! – eingeengt auf die äußere Erscheinung als Begrenzung des Stadtraumes, in dem Architektur nur noch als Fassade auftritt, als fassadendünne Folie.

Der Kulisse komplimentär ist das Kostüm. Fassaden werden zu Kostümierungen von Bauten, die sich mit wechselnder Mode austauschen lassen wie die Kleidungen und Verkleidungen, in die der Mensch sich hüllt: teils um sich zu schützen, teils um sich zu schmücken. Für Venturi ist ja schon der Renaissancepalast nur ein „dekorierter Schuppen".

Die Architektur der Moderne muß sich den Vorwurf gefallen lassen, über ihrer rationalen Wahrheitssuche die emotionalen Belange vernachlässigt zu haben. Die „Postmodernen" machen sich anheischig, die für sie offenkundigen Defizite kollektiver Gefühligkeit zu kompensieren. Sie wollen die Welt nicht verbessern, die Menschen nicht ästhetisch erziehen. Illusionslos, wie sie das Publikum einschätzen, wollen sie es mit Illusionen bedienen, deren es anscheinend bedarf, um sich über die tagtäglichen Zumutungen der real existierenden und wohl nicht verbesserungsfähigen Welt hinwegzutrösten.

Die Postmoderne hat den Unterhaltungswert von Architektur entdeckt. Anders als die Moderne fordert sie das individuelle Wahrnehmungsvermögen nicht unnötig heraus, befriedigt sie vielmehr ein oberflächliches Bedürfnis nach Zerstreuung, nach visuellem Konsum und stellt damit ihrer Vermarktung im ökonomischen Verwertungsprozeß nichts mehr in den Weg.

Interessant ist nur noch die Erscheinung, nicht die Struktur, das Wesen der Dinge. Authentizität ist nicht gefragt, wo es nur noch um das Produzieren von Bildern geht, in denen sie aber simuliert werden soll: im Gestrigen.

Weil das Neue sich nicht bewährt hat, halten wir uns am Alten fest. Wo es verloren ist, lassen wir es neu erstehen. Für Deutschlands Saubermänner und -frauen ist das Alte ohnehin am schönsten, wenn es neu ist. Sie stören sich – und mit ihnen die deutschen Denkmalpfleger – an die Spuren des Alters.

Notfalls bauen wir uns die Tradition, die wir nicht haben, auch selber: jedem Ort seine „Römerzeile" auf der städtischen Tiefgarage! „Stadtbildpflege" – dies der aktuelle Ersatzbegriff für Embellissement –, die sich vor allem als architektonischer Rückgriff auf eine Geschichte versteht, die es so nie gab, hat wenig mit historischer Identitätsfindung zu tun. Vornehmlich dient sie dem Kommerz. Der besetzt, was einmal der öffentliche Raum war für eine städtische Öffentlichkeit, die *res publica*, die es in der „verkabelten" Mediengesellschaft nicht mehr gibt. Im schnöden Konkurrenzkampf um die schwindende Kaufkraft richten Kommerz und Kommunen ihn nun her (oder auch: zu) als Aktionsraum für immer besinnungsloseren Konsum. Das ist das Theaterstück, das hier in Szene geht.

„Spielt Komödien, die lachen machen, Und die zum Weinen sind."
(Ingeborg Bachmann)
(1988)

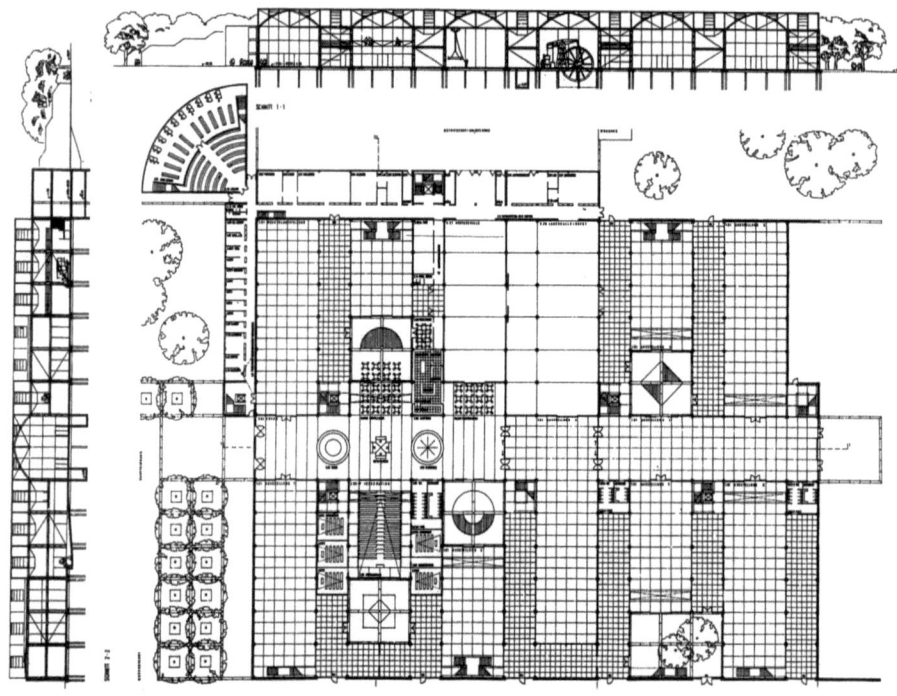

Landesmuseum für Technik und Arbeit, Mannheim, Wettbewerbsprojekt (Ankauf) 1982

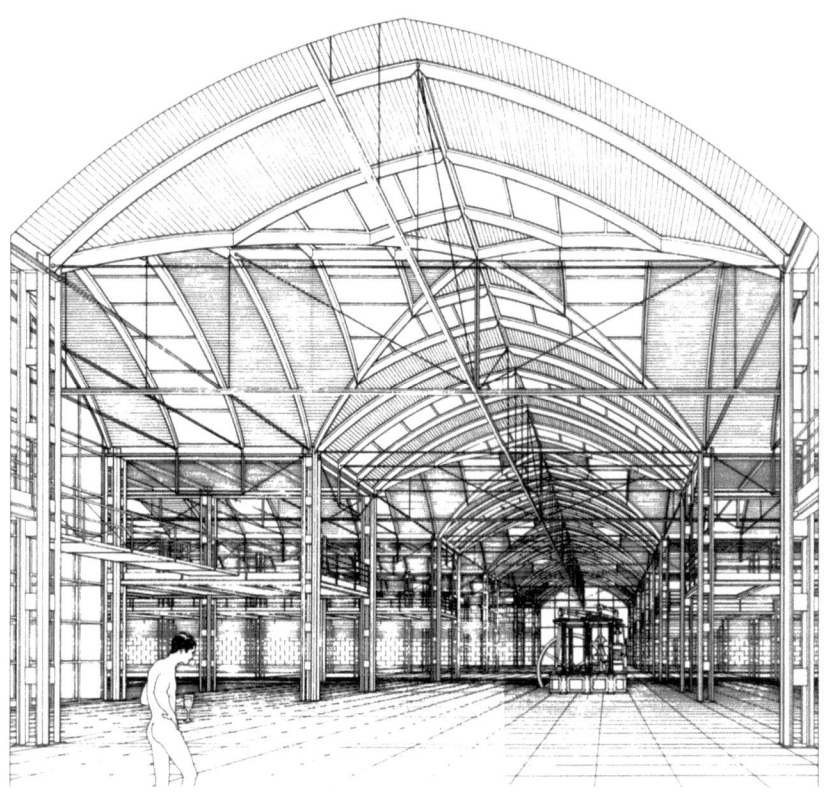

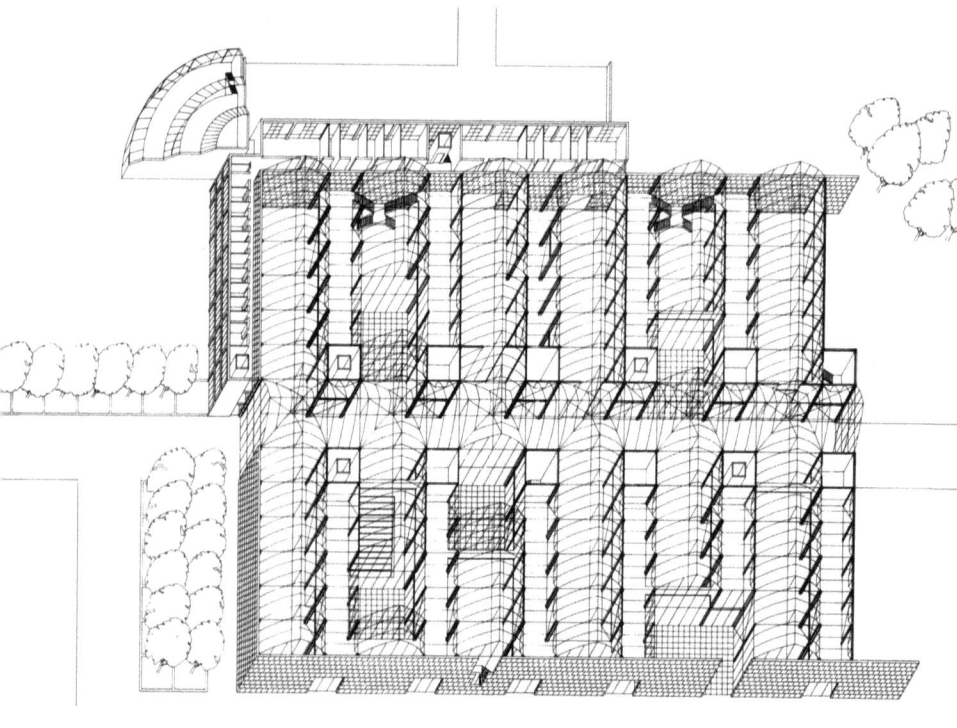

Museum Mannheim

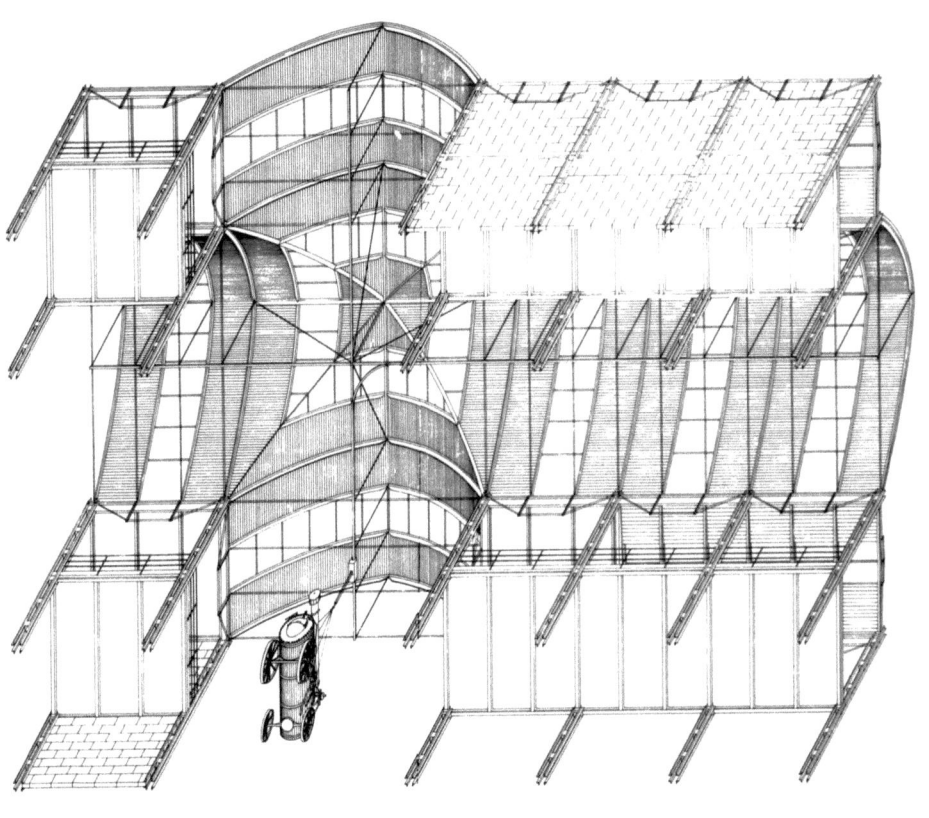

4 Über das Entwerfen

Erfinden und Nachahmen

Der Rang von Architektur bemißt sich nicht nur an ihrer Gebrauchstüchtigkeit im umfassenden Wortsinn, sondern – als Bau-Kunst – auch nach dem künstlerischen Kriterium des Grades ihrer Innovation. Entwerfen von Bauten ist, ideell gesehen, als innovatives Tun schlechthin zu definieren.

Wie entstehen neue Bauformen? Wie eigenständig ist die individuelle Leistung des Architekten? Aus welchen Quellen der Inspiration schöpft er? In welchem Maße beeinflussen ihn dabei Zeitgeist, Stil, Leitbilder, Moden? Wo liegt die Grenze zwischen Original und Plagiat in der Architektur? Wird sie heute anders gezogen als früher?

Unter Architekten gibt es nur wenige wirkliche Erfinder. Aber niemand, auch der Genialste nicht, schöpft seine Erfindungen aus nichts. Jeder ist darauf angewiesen, an bereits Geschaffenes anzuknüpfen. Neues bleibt ohne gleichzeitige, begleitende Verwendung von bereits Bekanntem überdies unverständlich und wäre anders nicht vermittelbar. Die „richtige" Mischung von beidem ist das Problem.

Innovation als Qualitätsmerkmal der Kreation kann nicht Neues um jeden Preis bedeuten. Gleichwohl gibt es – das liegt in seinem Begriff – keinen Maßstab für die Bewertung der Qualität des Neuen.

„Neues" erscheint oft nur in der auf den ersten Blick verfremdeten Gestalt neuer, zutreffender: anderer Mischung von Altbekanntem. Aber auch lediglich neue Kombinationen von schon Bekanntem können Innovation, eine Erfahrungsbereicherung bringen, mithin originäre Leistung sein. Gelegentlich ist es ja gerade (nur) eine neue Sicht der an sich wohlvertrauten Dinge, die eine neue Dimension erschließt.

Was jedoch ist nur Wiederholung, was eigenständige Weiterentwicklung eines Gedankens, einer Form? Einen Typus zu wiederholen: ist das kein Plagiat? Weil der Typus Allgemeingut ist, keinen individuellen Autor hat, der sich plagiiert und in seiner Urheberperson verletzt fühlen könnte?

Niemand noch ist darauf verfallen, die unzähligen „Mies-Kisten", die unsere Welt verstellen, als Plagiate zu denunzieren. Weil auch sie bereits zum Typus geworden und damit frei verfügbar sind?

Es gibt also nur wenige Erfinder und Neuerer. Die anderen machen nach. Je allgemeiner die Lösungen sind, die aufgegriffen und übernommen werden, desto weniger wird dieses Nachahmen jedoch als solches empfunden. In weiten Bereichen des gewöhnlichen Bauens trifft der Begriff der Nachahmung auch gar nicht den eigentlichen Tatbestand. Dieses „anonyme" Bauen, jedenfalls das der Vergangenheit, vollzog sich nach ungeschriebenen, gleichwohl verbindlichen Regeln aus zeitlichen und örtlichen Gepflogenheiten. Es hatte mehr mit Tradition als mit einem Bedürfnis zu tun, sich zum eigenen Vorteil des individuellen Ideenguts anderer zu bedienen.

Nachahmungen können von sehr unterschiedlicher Art sein. Je mehr sie aufs Ganze gehen, desto auffälliger machen sie sich. Was jedoch ist von den abertausenden Übernahmen von Teillösungen, von Einzelheiten, Motiven und Details, von überall her zusammengeklaubt und -geklaut, zu halten, die kein neues Ganzes ergeben, sondern nur ein anderes Potpourri von sattsam Bekanntem?

Erschien früher Plagiat, mehr oder weniger wortgetreue Nachahmung, im allgemeinen mit größerem zeitlichem Abstand, kann es heute vorkommen, daß die Kopie vor dem Original gebaut wird, ja, daß es überhaupt nur zum Bau der Kopie kommt. Dafür gibt es allerdings Beispiele auch schon in der Geschichte: charakteristische Formen der Chorlösung des Kölner Doms sind nachweislich für die Kathedrale in Amiens erdacht, aber in Köln übernommen und dort früher ausgeführt worden. Die Erklärung dafür liegt in der Wanderschaft der Bauhüttenmitglieder, wiewohl hier der Hinweis angebracht ist, daß solche architektonischen Erfindungen eigentlich zu den tief gehüteten Geheimnissen mittelalterlicher Bauhütten gehörten. In der Regel zirkulierten keine Bauzeichnungen. Wurde an sich schon wenig gezeichnet, war auch das Kopieren nur mühsam zu bewerkstelligen.

Heute hingegen sorgen immer raffiniertere Vervielfältigungstechniken und Publikationspraktiken für immer raschere Verbreitung neuer Einfälle. Die schnelle Abfolge von Moden ist ein jüngeres Phänomen – Erscheinung einer Zeit immer mehr beschleunigten und damit zwangsläufig

immer flüchtigeren, oberflächlicheren Informationsverbrauchs. Die Dinge werden nicht mehr auf ihren Gehalt überprüft. Die Form, losgelöst vom Inhalt den Dingen übergestülpt, wird für das Ganze genommen. Es genügt, die Verpackung zu erneuern, um den Eindruck zu erzeugen, auch das Produkt selbst sei verbessert worden. Das gilt ebenso für die Architektur. Auch sie wird diesem Zwang schneller Modewechsel unterworfen. Mode aber ist vornehmlich Diebstahl.
(1987)

Freiheit und Bindung

Mit ihrer Unabhängigkeit meinen *freie* Architekten die Freiheit von äußeren, sachfremden Einflüssen auf ihre Arbeit, die von der inneren Freiheit des gestaltenden Menschen gleichwohl zu trennen ist: Sie beziehen diese Unabhängigkeit nicht nur auf ihre Stellung innerhalb der Gesellschaft, sie leiten die Unabhängigkeit ab aus ihrer Aufgabe für die Gemeinschaft. Sie glauben, daß Gelingen und Scheitern von Architektur an diese Voraussetzung gebunden ist. So wenig sie davon ausgehen, daß Baukunst entsteht, wenn Architekten nur genug Freiheit haben, so überzeugt sind sie, daß Baukunst nicht entstehen kann, wenn ihnen zu wenig Freiheit bleibt.

Wir wissen, daß die Gesellschaft selbst ein einziges Gemenge gegenseitiger Abhängigkeiten ist; weshalb die Tatsache an sich, daß einer vom anderen abhängt, gar nicht in Frage stehen kann, sondern nur die Art und Weise, das Maß dieser Unabhängigkeit. Die Unabhängigkeit der freien Architekten liegt in der Freiheit, sich ihre Abhängigkeit selbst auszusuchen (Christoph Hackelsberger). Die freien Berufe sind also zwar niemals praktisch, aber doch jedenfalls ihrer Idee nach frei.

Unsere Vorstellung von künstlerischer Freiheit geht auf die Antike zurück, auf die „artes liberales", die „freien Künste". Sie finden ihre Rechtfertigung allein in sich. Die Frage der sozialen Relevanz dieser auch wohl die „schönen" genannten Künste hat sich bis in unsere Gegenwart hinein gar nicht erst gestellt.

Anders verhält es sich mit der *Baukunst*. Spätestens seit Alberti das vitruvianische Erbe dem erneuerten Berufsbild des Architekten einverleibte, ist ihr Auftrag im Gesellschaftlichen verankert. Architektur, obwohl als Mutter der Künste apostrophiert, war nie nur eine schöne, eine freie und somit letztlich unverbindliche Kunst, sondern immer schon eine angewandte, eine gebundene, eine *Kunst des Notwendigen*.

Das philosophische Begriffspaar Notwendigkeit und Freiheit führt zu Kant. Er nannte Freiheit das „Vermögen von selbst anzufangen". Im „freien Entwurf" zeigte sich ihm, was er als die „Freiheit in der Erscheinung" bezeichnet hat. Man begegnet ihr überall dort in den Künsten (und in der Natur!), wo nicht nur starre Gesetzmäßigkeit waltet, sondern, so sagt er, im Notwendigen die Möglichkeit eines *versuchenden Organisierens* offenbleibt. Das Notwendige und das Freie stehen polar zueinander; das heißt, sie schließen sich nicht aus.

Das Gesetz der Notwendigkeit ist Grundlage jeglicher Architektur. Es ist der Prüfstein gegenüber einer Ideenfreiheit, die uns unser freies Handeln oft nur vortäuscht.

Beim architektonischen Entwerfen gehen das Bewältigen der praktischen Probleme – des Notwendigen – und das Finden der Form Hand in Hand. Giorgio Grassi hat beschrieben, wie die Form als Letztes dabei herauskommt. Bevor sie sich endgültig klärt, muß sie viele Stationen der Entwicklung durchlaufen: „Sie überwindet Hindernisse, überlistet oder umgeht sie, macht ungeahnte Wendungen, paßt sich an, läßt das Überflüssige fallen, verfeinert sich. Wir sehen ihre Notwendigkeit wachsen, sehen zu, wie sie an Erfahrung, an Dichte gewinnt. Und niemand kann leichthin behaupten, Form sei nur das Ergebnis eines spezifischen Gestaltungswillens. Dennoch ist es allein die Form, die als Zeugnis dieses langwierigen Prozesses übrigbleibt: *die befreite, nie die gesuchte Form.* Das ist die eigentliche Freiheit der Architektur, eine Freiheit, die aus der Bindung kommt." Es ist eine Freiheit, die das Willkürliche meidet, weil diese die Form unglaubwürdig macht.

Statt der Bindung an die Aufgabe sind es oft Zwänge ganz anderer Art, denen Architekten sich willig unterwerfen. Sind sie doch stets versucht, ihren Projekten eine Ordnung aufzuzwingen, die nicht aus dem jeweiligen Programm abgeleitet ist, sondern, bereits vorformuliert, eigenen Gesetzen gehorcht.

Dabei sind es manchmal gerade die Bindungen aus der Aufgabe, die die Phantasie zu beflügeln vermögen, während Freiheit sie oft eher lähmt. Wie hilflos steht der Architekt, der es sich selbst nicht leicht machen möchte, vor seinem Projekt auf der sprichwörtlichen „grünen Wiese", ausgeliefert der jedenfalls theoretisch unendlichen Anzahl möglicher Lösungen? Wie dankbar ist er etwa für Besonderheiten des Ortes, die seinen orientierungslosen Gedanken eine Richtung weisen!

Ein Blick in die Baugeschichte lehrt, wie Baumeister materielle Beschränkungen, einengende Programmforderungen und verpflichtende Traditionen nicht als Hemnisse ihrer künstlerischen Freiheit begriffen, sondern als Anlaß nahmen, ihre Geschicklichkeit zu beweisen, ja, Außerordentliches zu leisten.

Gegenwärtig lauern die Gefahren eher in einem Zuwenig an Bindungen solcher Art: die Verführung beim Bauen liegt heute in der nahezu grenzenlosen Verfügbarkeit der Mittel, der Materialien und Techniken. Fast alles ist nun überall machbar und wird daher auch gemacht.

Zur Beliebigkeit der Mittel gesellt sich die Willkürlichkeit der Formen, die bloße Manipulation der äußeren Erscheinung. Warum, so die Frage der Verkünder der Großen Freiheit, sich auf diese Zeit und auf jenen Ort beschränken, da es doch inzwischen denkbar ist, in allen Epochen und in jeder Kultur zuhause sein? Machen wir die Gleichzeitigkeit des Ungleichzeitigen möglich! Eklektizismus ist der angemessene Ausdruck unserer Kultur der freien Wahl: Free Style!

Man sollte sich besser an die „Wegweisungen" eines der großen Unzeitgemäßen der Architektenzunft, an Rudolf Schwarz, halten, der vor 30 Jahren schrieb: „Unendlich ist der Bildstrom der Schöpfung, dem sich der Baumeister anvertraut. Aber nicht jedes Bild ist zu jeder Zeit das Gebotene, Notwendige. Nicht jedes ist in jeder Zeit greifbar, und indem der Baumeister sich für eines entscheidet, übt er wiederum hohe Freiheit aus, das Notwendige zu tun."

(1984)

Der Geist weht, wo er will

Die Masse alles Gebauten hat mit Architektur nichts zu tun. Es verdankt sich keinem architektonischen Entwurf, ist lediglich Ergebnis von Planung. Die meisten Architekten – richtiger: Planverfertiger – entwerfen keine Bauten, sie planen nur welche. Das Entwerfen wird sogar immer mehr zugunsten einer bloßen Planungspraxis beiseitegeschoben. Ist es nicht verräterisch, daß so viele ihre Ateliers lieber Planungsbüros nennen, was sie ja wohl auch sind?

Entwurf und Planung gehören ganz unterschiedlichen Handlungsebenen und Tätigkeitsweisen an. Während das Entwerfen ein künstlerischer

Akt ist, besitzt Planung lediglich den Charakter eines technischen Vorgangs, der bestenfalls etwas von einer angewandten Wissenschaft an sich haben mag. Das Planen ist lehr- und lernbar, das Entwerfen nicht. Die Ursache des Schöpferischen kann, meint Paul Klee, nicht benannt werden, sie bleibt letzten Endes geheimnisvoll.

In der sogenannten Planungstheorie wird diese Unterscheidung vermieden. So konnte es zum Angebot einer Wissenschaft des Entwerfens kommen – ein Widerspruch in sich! –, auf die alle jene setzen mochten, die selbst nicht entwerfen können. „Wissenschaftliches" Entwerfen ist keines. Soll man Planen als rezeptives Entwerfen definieren? Das wäre wohl begrifflich ebenso paradox. Bauplaner entwickeln ihre Projekte durch Addition „interdisziplinärer" Beiträge. An die Stelle der künstlerischen ist die organisatorische Leistung getreten, an die Stelle des Architekten der Manager.

Eine architektonische Ganzheit, die mehr als die Summe ihrer Teile ist, entsteht so nicht mehr. Sie wird nur möglich, wenn ein Tatbestand sui generis hinzukommt: die Gestalt. Durch Gestalt – mit formalen Mitteln – muß der Architekt das Programm in die Gegenständlichkeit seines Entwurfs übersetzen, wenn daraus Architektur werden soll.

Das Entwerfen ist ein Suchen, ein ständiges Ausprobieren der in der Phantasie erdachten Möglichkeiten. Wir wissen nicht. Wir raten nur. Und dieses Raten ist, wie Karl Popper analog für den Antrieb zum Forschen festgestellt hat, geleitet von dem unwissenschaftlichen Glauben, daß es verborgene Gesetzmäßigkeiten gibt, die wir entdecken können. Durch diese dauernde Versuch- und Irrtum-Annäherung soll allmählich die Regelhaftigkeit des Materials zutage treten.

Entwerfen ist innovativ. Als solches bedarf es der Intuition. Das dadurch entstehende Neue bietet sich (nach Hegel) dem Bewußtsein dar, ohne daß dieses weiß, wie ihm geschieht, also gleichsam hinter seinem Rücken. Kreativitätsforscher sprechen von Inkubationsphasen, Illuminationen und Durchbrucherlebnissen.

Unbewußt werden Eindrücke, Erfahrungen und Erinnerungen umgeformt und kehren irgendwann in neuem Bedeutungszusammenhang, als neuer Gedanke, in das Bewußtsein zurück. Das Ich merkt nicht, daß diese Arbeit im Gang ist. So wird es von den aufsteigenden neuen Ideen immer überrascht. Aber es muß bereit sein, sie zu erkennen, einzufangen und auszuarbeiten.

Ich träume gelegentlich Grundrisse und Details. Das sind eher quälende Träume. Wenn es mir aber gelingt, mich aus ihnen zu befreien und die Traumbilder festzuhalten, bin ich der Lösung, die ich suche, bis sie mich in den Schlaf verfolgt, manchmal einen entscheidenden Schritt näher gekommen. Ein guter Entwurf ist in hohem Maße Glücksache.

Am Anfang ist nur das leere Blatt: der *horror vacui*, die Angst vor dem leeren Papier, die jeder Entwerfer immer neu erleidet, die Qual der ersten Wahl. Anfangen heißt wählen. Wie überwinde ich die anfängliche Beliebigkeit? Dabei scheint die Wahl schon getroffen, bevor man es weiß. Die Individualität liefert dafür nur die halbe Erklärung, da sie eingebunden ist in einen zeitlichen und räumlichen Zusammenhang, der die Entscheidung ebenso unbewußt wie auch bewußt beeinflußt.

Nichts entsteht voraussetzungslos, alles hängt ab von dem, was vorher war, was schon verfügbar ist. Nicht alles war immer möglich. Zeitgeist, Stil, Tradition schränken unsere Wahlmöglichkeiten drastisch ein. Bei enger typologischer Bindung bewegt sich der Anteil des Entwerfens an der Planung schnell gegen Null.

Je mehr Bauplanung und Bauproduktion konzentriert werden, desto größer wird die Neigung zur Typenbildung nach „bewährtem" Muster. Das zeigt sich besonders in den östlichen Planwirtschaften, findet sich aber auch in den Gesellschaften westlicher Prägung, weil hier, nur unter umgekehrten Vorzeichen, Gleiches gewollt wird. „Entwurfsmethoden" der Planungstheoretiker hatten wohl vorzugsweise dieses Planen mit Bausystemen im Sinn.

Der Versuch, einem durch und durch rationalen Planungsprozeß zuliebe die Dimension des Entwurfs auf das Nachvollziehbare zu verkürzen, muß scheitern. Wie will einer, der den Anteil unkontrollierter Triebkräfte, das, was uns als blindes Walten des Zufalls erscheint, verleugnet, noch begreiflich machen, daß überhaupt etwas Bestimmtes entsteht und Neues zustandekommt?

Der Geist weht, wo er will, bescheidet uns streng das Johannes-Evangelium. Irrtum, meinte Paul Valéry, der Geist weht, wo er kann, und was er kann.
(1984)

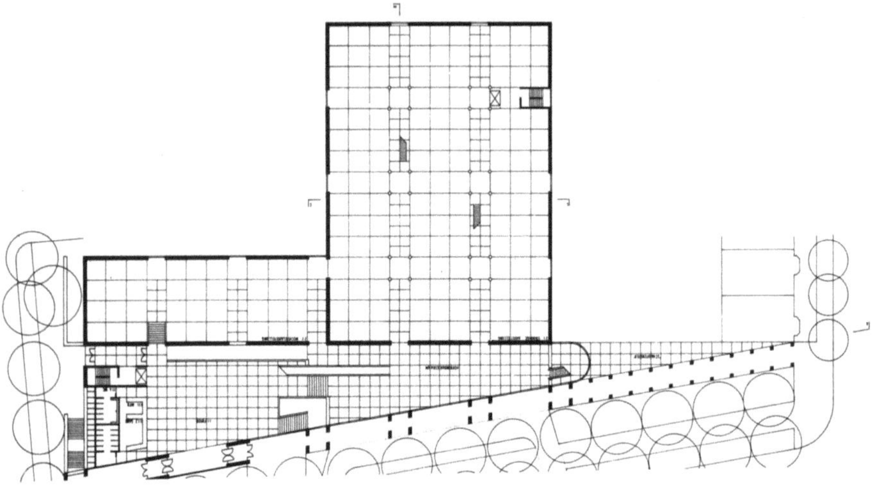

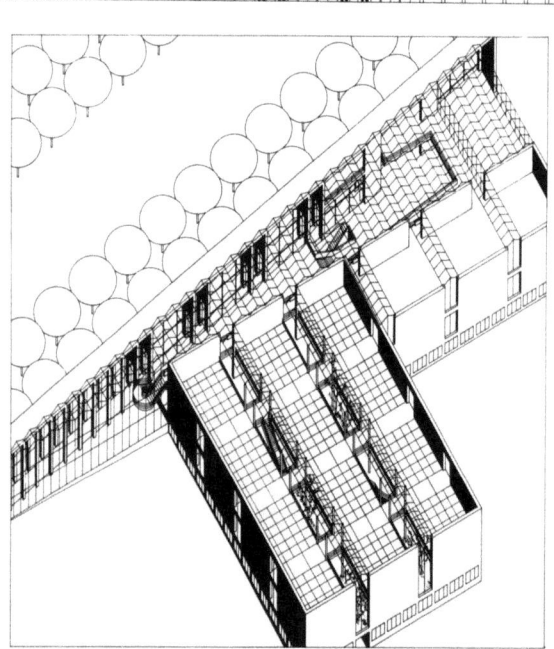

Haus der Geschichte, Bonn, Wettbewerbsprojekt 1986

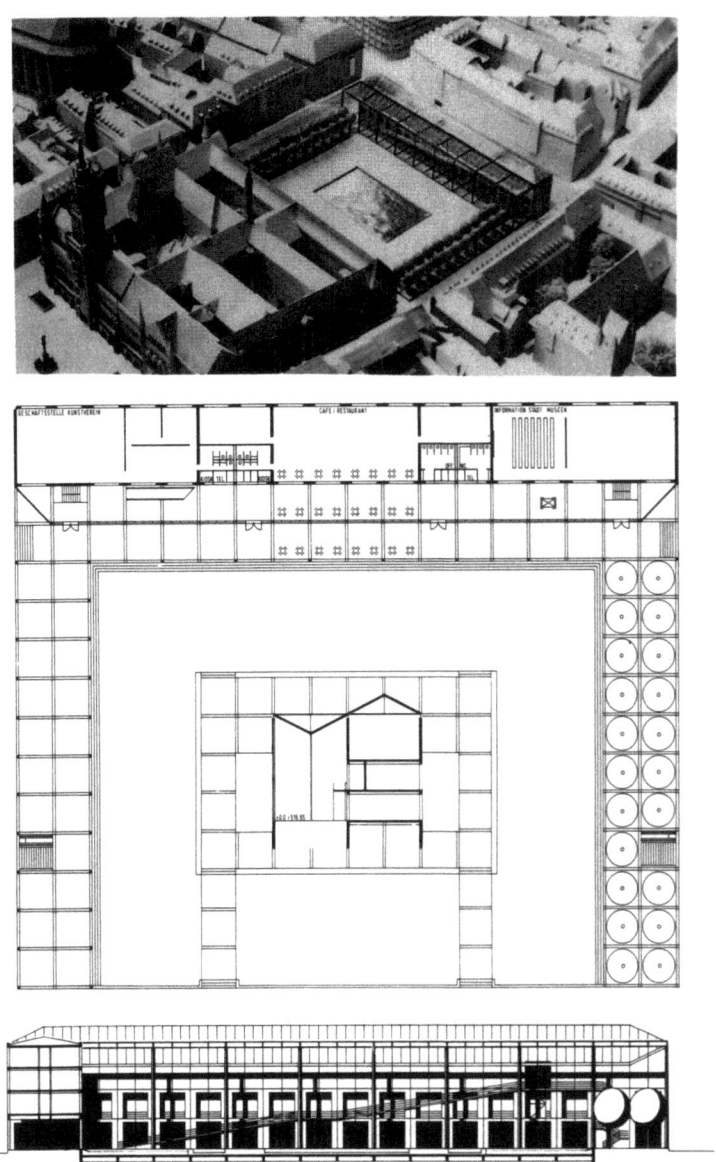

Kunsthalle auf dem Marienhof, München, Wettbewerbsprojekt
(5. Preis), 1987

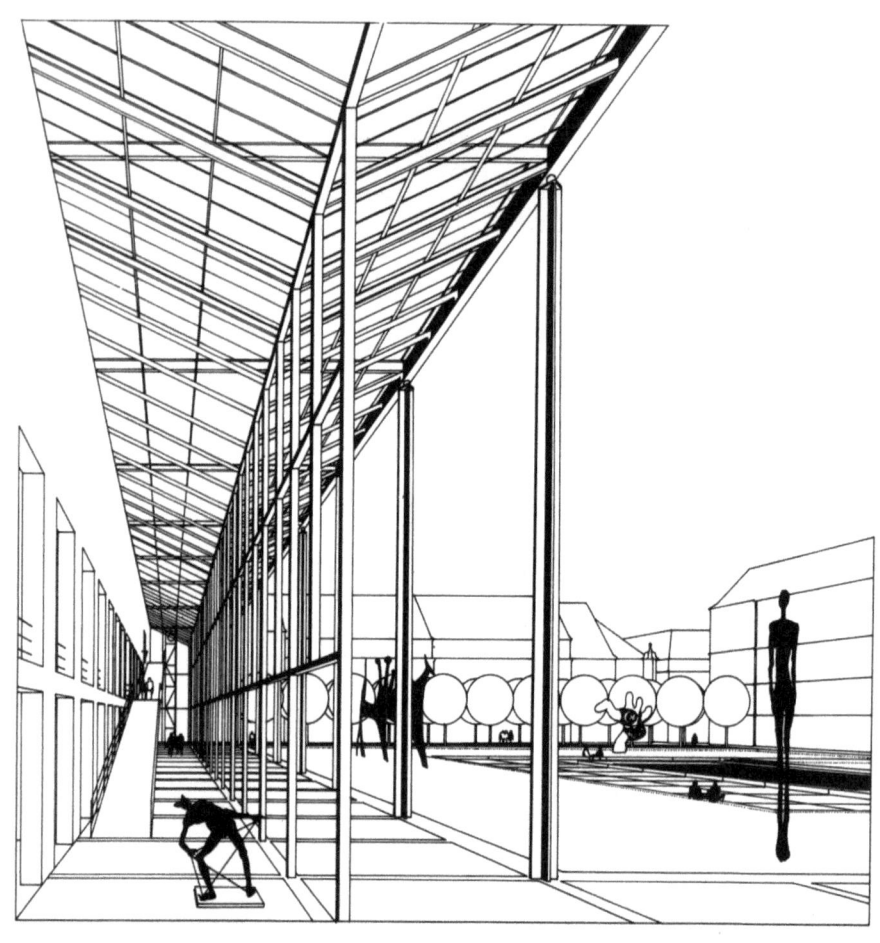

Marienhof, München

5 Architektur — Kunst des Bauens

Bauen heißt Bleiben.
Plädoyer gegen die Wegwerfarchitektur

Kitsch oder Kunst?

Den Hang zum Gesamtkunstwerk teilt das Projekt der Moderne mit Richard Wagner, auf den der Begriff zurückgeht. Dieses angestrengte Bemühen um eine ästhetische Durchdringung aller Lebensbereiche muß vor dem Hintergrund der banalen Industrieproduktion und der historisierenden Architektur des ausgehenden 19. Jahrhunderts gesehen und gewürdigt werden. Es wurde beflügelt von dem Glauben, die mit dem Ende handwerklicher Herstellungsweisen auseinandertreibenden Welten der Kunst und der Industrie zusammenführen zu können. Es lebte von der Hoffnung einer moralischen Wirkung auf die breite Masse des Volkes.

Die Architekten des Neuen Bauens sahen und versuchten sich zu Teilen als Weltverbesserer. Aber diese Welt wollte anscheinend gar nicht verbessert werden, oder doch nicht so. Die „gute Form", die diese Architekten und Designer erfanden, wurde von der Masse nicht angenommen: vielleicht nur deshalb nicht, weil sie nicht verstanden wurde. Eine ausschließlich auf Vernunft gegründete, nach Vereinheitlichung strebende Gestaltung der Bauten wie der Gegenstände des täglichen Gebrauchs in all ihrem Purismus erreichte das Volk nicht. Der Versuch, das Gesamtkunstwerk Leben, diesen Traum von hohem Gestaltanspruch für jedermann, zu verwirklichen, mußte daran scheitern, daß er voraussetzungslos nicht zu realisieren war.

Nicht jeder vermag zwischen Kunst und Kitsch zu unterscheiden. Im Zweifel nimmt man Kitsch für Kunst. Der Kitsch befriedigt oberflächliche „sinnliche" Bedürfnisse auf das trefflichste, ohne ungewohnte geistige Anstrengungen abzunötigen.

Die Häuser der Gründerzeit und die industriellen Gebrauchsgegenstände jener Zeit, die ihnen glichen mit ihrem aufgesetzten Dekor, waren kitschig. Indem man sie ihres Dekors entkleidete, übte man ungewollt Sinnlichkeits-, ja, Liebesentzug. Man tat es nicht ungestraft. Dem Neuen Bauen und der neuen Produktform wurde die Gefolgschaft verweigert. Die Ästhetisierung der Alltagswelt ist fester denn je in den Händen des Kommerzes.

Manipuliertes Massenwesen

Die nur noch von einer hauchdünnen informierten Minderheit akzeptierte offizielle (oder Hoch-)Kultur steht heute in krassem Widerspruch zur populären Massenkultur der Konsumwelt mit ihrer Scheinwirklichkeit aus manipulierten Wunschvorstellungen. Der amerikanische Botschafter in der Bundesrepublik, Richard Burt, hat erst kürzlich diese moderne Massenkultur gegen die allgemeinen Angriffe der Kulturkritik und natürlich auch gegen den speziellen Vorwurf in Schutz genommen, ihrer Natur und ihrem Ursprung nach spezifisch amerikanisch zu sein: eine offene, pluralistische und vielfältige Gesellschaft fördere notwendigerweise das Wachstum von Massenkultur und Hochkultur gleichermaßen. Dagegen unterdrücke ein autoritäres System die erstere und strebe nach Manipulierung der letzteren; dies mit Blick nach Osten gemeint. Selbst wenn man mit vielen Erscheinungen der Massenkultur nicht übereinstimme, so wäre doch niemand von uns willens, auch nur einen Teil unserer kulturellen Freiheit an eine Autorität abzugeben, die darüber zu befinden hat, was in der Massen- wie auch in der Hochkultur gut oder schlecht ist.

Nun ist aber die Massengesellschaft nur dem Buchstaben nach individualistisch und pluralistisch. In Wirklichkeit ist sie ganz auf Gleichschaltung des Bewußtseins und der Bedürfnisse ausgerichtet. Sie ist so wenig mehr eine Gesellschaft selbständiger Individuen, wie die für sie bestimmte Serienproduktion noch Güter hervorbringt, die ihrerseits zur Individualisierung beitragen würden. Den Massenmenschen kennzeichnet eine selbstzufriedene Mittelmäßigkeit, die von sich nichts weiß und ihn sich in alles hineinfinden und mit allem abfinden läßt. Sie konditioniert ihn auf das Vollkommenste für den Konsum um des Konsums willen, den die herrschende Allianz aus Staats- und Wirtschaftsinteressen ihm vorschreibt, wobei sie ihm mit Hilfe der Werbung einreden läßt, was er sich wünschen soll.

In dieser Wohlstandsgesellschaft wird Lebensqualität mit Lebensstandard verwechselt, der seinerseits mit materiellem Konsum gleichgesetzt wird. Der Preis, der dafür gezahlt wird, ist die fortschreitende Verschlechterung tatsächlicher Lebensqualität: der Luft, die wir atmen müssen, der Nahrung, die wir zu uns nehmen, der Umwelt, in der wir leben, und der menschlichen Beziehungen, auf die wir angewiesen sind.

Das ungesunde Volksempfinden

Die Architektur unserer Zeit hat der Architekturgeschichte nicht weniger beispielhafte Bauwerke geschenkt als andere Epochen auch. Das darf bei der heute üblichen und grundsätzlich nur zu berechtigten Kritik am desolaten Zustand gebauter Umwelt nicht übersehen werden. Im Unterschied aber zu früher, als die großen Architekturen den an sich schon eindrucksvollen Formen menschlichen Siedelns nur noch die künstlerischen Glanzlichter aufsetzten und diese Dorf- und Stadtbilder in der Landschaft krönten, gehen sie jetzt unter in einem ebenso unübersichtlichen wie unübersehbaren Meer von Scheußlichkeiten, das Bauen schlechthin seither auszumachen scheint.

Das ist gewiß nicht nur ein Problem der Masse und der Massenhaftigkeit – auch in der Antike gab es schon Millionenstädte –, sondern die Folge einer grundsätzlich veränderten Einstellung zum Bauen.

Hatten die Menschen gestern etwa mehr „Geschmack" als heute? War ihr Gefühl für Schönheit, die ja etwas mit Wahrheit zu tun hat, sicherer als unseres? Wahrhaftiger?

Die alte bäuerliche Volkskunst, die wir nur noch im Museum bewundern können, scheint dafür zu sprechen. Aber warum sieht es auch auf dem Lande nicht weniger trostlos aus als bei den denaturierten Städtern? Warum haben die Nachkommen jenes scheinbar kulturbewußteren Bauernstandes nichts Besseres und Eiligeres zu tun, als ihre ererbten schönen Höfe mit Zubehör aus den Baywa- oder Raiffeisenkassen-Sortimenten ästhetisch dermaßen zu verunstalten? Im Wettbewerb um das bekannte Motto: „Unser Dorf soll häßlicher werden"? Manifestiert sich da draußen auf dem Lande etwa noch das vielbeschworene gesunde Volksempfinden?

Ich vermag nicht an die These vom besseren Geschmack unserer Altvorderen zu glauben. Sie hatten nur nicht so viele verwirrende „Vorbilder" für ihr naives Tun.

Mit den natürlichen Baustoffen, mit denen die Menschen im vorindustriellen Zeitalter ihre Häuser errichteten, konnten sie auch ohne gestalterische Ambitionen gar nichts so falsch machen, weil an diesen Materialien meist Mangel herrschte, weil sie in der Regel schwer zu bearbeiten waren und weil ihre Anwendungsmöglichkeiten so begrenzt gewesen sind. So war alles Bauen in der Vergangenheit stets zumutbar.

Nein, die Menschen waren vor der Industrialisierung nicht geschmackssicherer als heute. Wie sollten sie auch? War doch ihre Bildung noch weit geringer. Aber die bescheidenen Wahlmöglichkeiten jener wirtschaftlich so viel ärmeren Epochen hinderten sie daran, einen schlechten Geschmack zu zeigen. So scheint Schönheit heute nur noch in Armut zu überdauern. Die letzten Reservate einer ästhetisch heilen Umwelt haben sich in den wirtschaftsschwachen Regionen erhalten.

Geschmacksfragen

Über Jahrtausende, von der Antike bis hin zum Klassizismus, wurde ganz selbstverständlich unterschieden zwischen der Hochkultur einer durchgehend einheitlichen, ausschließlich von Baukünstlern geschaffenen Architektur der repräsentativen Bauten und dem sogenannten anonymen Bauen für die Wohn- und Arbeitsstätten, das von der Menge der Handwerker besorgt wurde. Diese Bauhandwerker hielten sich streng an das Überlieferte. Sie waren weder willens noch fähig zu abweichenden Erfindungen. Sie schöpften aus dem Formenvorrat ihrer Zeit und ihres angestammten Ortes. Je weiter entfernt von den kulturellen Zentren, desto später erhielten sie Kunde von formalen Neuerungen, die sie verarbeiten konnten. Daraus erklären sich die gelegentlich beträchtlichen zeitlichen Verzögerungen beim Stilwandel von Region zu Region.

Man orientierte sich geschmacklich an der nächsthöheren Gesellschaftsschicht, die im Rahmen der bescheideneren Möglichkeiten nachzuahmen versucht wurde. Ganz „oben" war im allgemeinen ein gutes Verständnis – durch „Bildung" – für alles Künstlerische vorhanden. So funktionierte das Kulturelle hierarchisch von oben nach unten: nicht mit Verlust, sondern nur mit Reduktion. Das Bürgerhaus war lediglich kleiner und weniger verziert als das Patrizierhaus, aber es besaß wie dieses alles, was, unabhängig von Kosten, Schönheit ausmacht: Die gute Proportion, das harmonische Verhältnis von Öffnungen zu Wandflächen und der Einzelheiten zum Ganzen.

Solange das Herkömmliche verbindlich blieb, war der immer schon unverläßliche Geschmack der überwiegenden Mehrheit aller Einzelnen nicht zur Entscheidung aufgefordert. Das änderte sich mit dem Verschwinden dieser Handwerkstradition als Folge der Industrialisierung radikal. Von nun an konnte, durfte, ja, sollte jedermann selbst entscheiden. Mochte der individuelle Geschmack vorher weder besser noch schlechter entwickelt gewesen sein: Nun hing alles nur noch von ihm ab. Die Folgen sind zu besichtigen.

Banausenrepublik?

Mit der Abschaffung der gleichsam erblichen kulturellen Besitzstände ist es dahin gekommen, daß die heute „Maßgeblichen", unsere Volksvertreter in den Parlamenten, ebenso wenig Ahnung von Kultur, ebenso wenig Kultur besitzen wie wir, das restliche Volk, weil sie ja nun unseresgleichen sind. Die unterschiedlichen Bildungsniveaus der modernen Gesellschaft decken sich, nebenbei bemerkt, keineswegs mehr mit der inzwischen gebräuchlichen soziologischen Klasseneinteilung in Ober-, Mittel und Unterschicht. Da bestehen sogar bemerkenswerte Divergenzen. Geschmacksurteile von „Herrschenden" – beispielsweise von Adenauer und Kiesinger über Sep Rufs Kanzler-Bungalow – lassen in Abgründe von Banausentum blicken. Baukunst und Gesellschaft scheinen sich immer fremder zu werden.

Die breite Öffentlichkeit steht der Architektur der eigenen Zeit verständnislos gegenüber und lehnt sie deshalb ab.

Die Schule, das allgemeine Erziehungs- und Bildungswesen versagt kläglich, wenn es um die Vermittlung des Verständnisses für die so existentiell wichtigen Fragen der baulichen Umwelt geht. Sie gehören nicht ins kulturelle Bildungsprogramm. Wir müßten aber dort, in der Schule, beginnen. Sie ist die erste und nachhaltigste Gelegenheit, Sensibilität, Bereitschaft und Fähigkeit zur Teilnahme an dieser großen Gemeinschaftsaufgabe der Umweltgestaltung zu fördern.

Das menschliche Wahrnehmungsvermögen ist nicht angeboren, sondern angelernt und kann deshalb auch lernend weiterentwickelt werden. Darin läge eine Chance und ein Ziel für eine Gesellschaft, für die „Umweltbewußtsein" mehr als nur ein politisches Schlagwort ist. Aber in der Welt der Ästhetik, des Gestaltens bewegen sich die Menschen immer noch wie Kinder: ahnungslos, unwissend, alleingelassen vom Elternhaus wie von der Schule.

Schrott statt Ruinen

Die neue Bautechnologie erweist sich zunehmend als höchst zweifelhaft. Dauerhaftigkeit gehört nicht zu ihren hervorstechenden Eigenschaften. Nie zuvor gab es so viele Bauschäden. Sie sind eine Folge der immer unübersichtlicher werdenden Material- und Produktvielfalt bei gleichzeitiger mangelnder Bewährung und fehlender Erfahrung. Aber wir bauen ja nicht mehr für die Ewigkeit! Nicht für die Ewigkeit? Nicht einmal mehr für eine noch überschaubare Gegenwart! Dieses Schicksal wird sogar bedeutenden öffentlichen Bauten bereitet: Das vor knapp zehn Jahren eröffnete Pariser Centre Pompidou gammelt und rostet vor sich hin – das Schlimmste, was High-Tech-Architektur, der es sich selbst zurechnet, widerfahren kann.

Daß auch repräsentative Bauten heute keine Ausnahme machen und auf kurze Lebensdauer angelegt sind, zeigt beispielhaft die für solche Bauten immer noch verpflichtende Verwendung des Natursteins heute: von einer 4 cm dünnen Platte und schon gar von den Stahlankern, an denen sie vor der Wand hängt, kann man auch nicht annähernd die Dauerhaftigkeit eines 20 cm dicken, mit der Wand vermauerten Quaders erwarten.

Die neuen künstlichen Baustoffe werden nicht nur nicht alt, sie können vor allem nicht altern. Witterung und Abnutzung durch Gebrauch lassen sie rasch unansehnlich, ja, schäbig werden – ganz im Gegensatz zu den natürlichen Konstruktionsmaterialien, die mit zunehmenden Jahren eigentlich immer nur schöner wurden, nämlich immer mehr „Natur". So ist den Bauten unserer Tage kein Altern mit Würde beschieden, sie haben auch keine Aussicht, dereinst zu ansehnlichen Ruinen zu werden. Am Ende bleibt nur Schrott.

Das Haus als Konsumware

Gewiß sollte Architektur, die „auf der Höhe der Zeit" sein will, sich auch bautechnisch auf dieser Höhe bewegen. Zu großer Baukunst hat stets komplementär das konstruktive Experiment gehört. Denken wir nur an die kühnen Kuppelkonstruktionen vom antiken Pantheon über die byzantinische Hagia Sophia bis zum Florentiner Dom des Brunelleschi. Was sind, gemessen an der außerordentlichen technischen Entwicklung, heute die Fortschritte gegenwärtiger Bautechnik? Schneller ist sie als früher und braucht weniger Arbeitskräfte. Deshalb kann sie in kürzerer Zeit ein Vielfaches mehr an Kubikmetern umbauen als je zuvor.

Wir konsumieren schnell, nun auch Architektur. Wenn nur noch Kurzlebiges gefragt ist, kann bei seiner Planung leichtfertiger verfahren werden. Da das Ergebnis flüchtig sein wird, brauchen auch die darauf verwendeten Gedanken nur flüchtig zu sein. Verbrauchermentalität gewöhnt sich daran, auch in Häusern nur noch Konsumgüter zu sehen, Wegwerfbauten also, nur mit dem Nachteil behaftet, daß sie nicht weggeworfen werden können. Im Gegenteil: Sie wachsen sich inzwischen zu ganzen Wegwerflandschaften aus. Werden wir uns das Wegwerfen in Zukunft aber überhaupt noch leisten können? Schon nähern wir uns gefährlich der Erschöpfung unserer natürlichen Rohstoffvorräte, schon macht uns das Weggeworfene unseren Lebensraum streitig.

Die technische Entwicklung hat massenhaftes Bauen für einen anscheinend massenhaften Bedarf erst möglich gemacht. Sie hat aber auch dazu geführt, wesentliche Belange der Architektur zu vernachlässigen. Das Unbehagen an ihrer „Unwirtlichkeit" entlädt sich nun in heftiger Funktionalismuskritik, die von einer zunehmenden Skepsis auch gegenüber der Technik begleitet wird. Im verbreiteten Wunsch nach einem Zurück zum Handwerk und zu den natürlichen Baustoffen äußern sich Zweifel an der Angemessenheit industrieller Produktionsmethodik für die menschliche Behausung, die sich, anders als etwa unsere Fortbewegungsmittel oder Gegenstände des täglichen Bedarfs, nicht als Verbrauchsgüter behandeln lassen.

Im Widerspruch zur Einsicht in die Notwendigkeit industrieller Produktivität, auf die sich allgemeiner Wohlstand gründet, tritt das immer deutlicher als existentiell erkannte Verlangen nach einer in der Gegenwart verlorenen und für die Zukunft zurückzugewinnenden Identität, nach einer Gestaltqualität der Umwelt, die dem menschlichen Identifikationsbedürfnis wieder Halt zu geben vermag. Dieses aber ist nur im Bleibenden, nicht im Flüchtigen, Vorübergehenden, Wurzellosen zu verankern: „Bauen heißt Wohnen und Wohnen heißt Bleiben." (Martin Heidegger)

Die Industrialisierung auch des Bauens sei unser unabwendbares

Schicksal, hat es immer geheißen, weil so viel zu bauen sei, weil es an Facharbeitern mangele, weil das Handwerk zurückgegangen, ja, verschwunden sei und weil zugleich und im Zusammenhang damit die Baukosten ins Unermeßliche stiegen. Nun ist aber in Zukunft zweifellos nicht mehr so viel zu bauen. Und die wachsende Arbeitslosigkeit sollte uns heute eher dazu veranlassen, darüber nachzudenken, ob die Entwicklung nicht geradezu umgedreht werden müßte. Wenn es einmal erforderlich schien, den Menschen durch die Maschine zu ersetzen, so scheint es nun wichtiger zu sein, sich darum zu sorgen, daß die Maschine dem Menschen nicht die Arbeit wegnimmt, da sie ihm doch offenbar auszugehen droht.

Der Architekt: Künstler oder Manager?

Mit der Industrialisierung des Bauens hat sich auch die Berufswirklichkeit der Architekten geändert. Die meisten verdienen diese Berufsbezeichnung eigentlich gar nicht mehr, wenn man daran denkt, was sie historisch bedeutet. Entsteht doch die Masse alles Gebauten, das für unsere Umwelt immer mehr zur Belastung wird, ohne jeden baukünstlerischen Anspruch durch bloßes Bau-Management, das schematisch nach simplen Gebäudemustern Baufertigfabrikate aller Art zu einfachen Raum-Containern zusammenfügt.

Rationalisierung auf seiten der Herstellung führt beinahe zwangsläufig zu einer Rationalisierung auch auf der Seite der Planung, verführt zu ständiger Wiederholung von einmal Geplantem. Daß die Kunden anspruchslos sind, bestärkt diese Haltung. Sie wollen ausdrücklich keine Architektur. Sie verlangen nur soundsoviele Kubikmeter umbauten Raumes. Auf diese rein quantitative Nachfrage hat man sich auf der Angebotsseite der Planung – am liebsten schlüsselfertig mit Preis- und Termingarantie – eingerichtet.

Was die Akteure auf dem Baumarkt, die Besteller und Hersteller solcher Raumbehälter, übersehen, ist, daß es sich nicht um eine übliche Marktware handelt, vielmehr um etwas Unbewegliches und zugleich Sperriges, das nicht nur für diejenigen bereitsteht, für die es gemacht ist, sondern sichtbar für jedermann, jedermann womöglich zum Ärgernis: visuelle Umweltverschmutzung. Die mit dem Bauen übernommene Verantwortung wird geleugnet. Mit jedem Bau wird etwas verändert, wird in die Lebenssphäre anderer, vieler, eingegriffen. Wie sollte diese Vielen das Bauen einiger weniger also nichts angehen?

Der Architekt, der diesen Namen verdient, dem sich jede Aufgabe immer wieder neu stellt, der sich jeder Aufgabe neu stellt, weil keine Aufgabe der anderen wirklich gleicht, der Architekt, der für jede neue Aufgabe die je eigene angemessene Lösung zu finden sich bemüht, für den selbst das bescheidene Detail noch unentbehrlicher Bestandteil eines Ganzen ist, ohne den dieses Ganze in sich nicht stimmig, nicht schlüssig ist: Ihn kann ich mir nicht vorstellen als einen, der sich diese Details aus Katalogen zusammenklaubt. Sein Partner auf der Ausführungsseite ist nicht der Industrievertreter mit seinem Musterköfferchen, sondern der Bauhandwerker, der im Dialog mit ihm, dem Architekten, sein Fachwissen und -können einbringt, seinen durch nichts zu ersetzenden eigenständigen Teil zur Errichtung eines Bauwerks beiträgt. Ist das etwa nurmehr ein nostalgisches Bild, eine unzeitgemäße Vorstellung?

Selbstverwirklichung durch Arbeit

Es unterliegt keinem Zweifel, daß die Art und Weise der Herstellung und des Einsatzes der daran Beteiligten die Qualität des Gebauten beeinflußt. Es wirkt sich aus, ob auf der Baustelle bloß noch Fertig- und Halbfertigprodukte montiert werden, an deren Herstellung der Monteur selbst keinen Anteil mehr nimmt, oder ob jemand wie der traditionelle Bauhandwerker seinen ganz persönlichen Beitrag zur Herstellung und zum Gelingen des Werkes leisten kann. Der Unterschied liegt in der Identifikationsmöglichkeit mit eben diesem Werk, die dem verwehrt bleibt, der nur noch montiert, der nur noch in Arbeitszeit denkt. Die systembedingte Gleichgültigkeit der emotional unbeteiligten Beteiligten muß sich auf das Produkt übertragen. Das ist nicht nur eine Frage der verwendeten Komponenten und ihrer Materialität.

Man soll ja nicht glauben, daß Balthasar Neumann oder Lukas von Hildebrandt sämtliche ornamentalen Details ihrer Palastentwürfe für Würzburg oder Wien vorgezeichnet hätten und daß die Stukkateure und Ebenisten und alle sonst beteiligten Handwerker am Bau schlichte mechanische Umsetzer von Architektenplänen gewesen wären! Der Rahmen ihrer (Mit-)Verantwortung am Gelingen des Ganzen war weit gesteckt. Sie hatten noch die Chance, auf dem Feld ihres fachlichen Könnens das Außerordentliche zu leisten, das dem architektonischen Kon-

zept ebenbürtig war, und sie nutzten diese Chance, weil es ihrem Berufsethos — wie dem des Architekten — entsprach, nicht im materiellen Verdienst allein ein Genügen zu finden, sondern in der Selbstverwirklichung durch ihre Arbeit und das bestmögliche eigene persönliche Werk.
Für dieses Ethos war in der ausschließlich auf Zweckrationalität und Wirtschaftswachstum gegründeten modernen Wohlfahrtsgesellschaft kein Platz mehr. Es ist uns dadurch weithin — in allen Lebensbereichen — abhanden gekommen. Solange wir nicht zu ihm zurückfinden, wird es in unserer allein vom Konsum beherrschten Zeit auch keine architektonische Kultur geben.

Eine andere Gesellschaft?

Architektur wird heute nicht mehr als kulturelle Leistung gewürdigt. Die Bundesrepublik, stärkste Wirtschaftsmacht der Europäischen Gemeinschaft, krankt noch dazu an einem allgemeinen kulturellen Minderwertigkeitskomplex. Durch ihr Unvermögen, sich nach außen als Kulturland zu präsentieren, bestätigt sie die in der übrigen Welt verbreitete Meinung, keines zu sein, und glaubt wohl selbst auch nicht daran. Die erste und einzige Kulturdebatte des Deutschen Bundestages seit seinem Bestehen, erst Ende 1984 zustandegekommen und vor leerem Hause lustlos absolviert, hat es uns deutlich vor Augen geführt.
Aber keineswegs nur der Staat, seine Repräsentanten, unsere Volksvertreter, nein, dieses Volk selber verhält sich gleichgültig gegenüber der Qualität der Gestaltung seiner Lebensumstände und -umgebung. Es zeigt sich hier jene unspirituelle Grundhaltung, die der Baukunst in unserem Lande kaum eine Chance läßt. Architektur ist selbst für diejenigen, die sich für gebildet halten, kein Thema.
Architektur kann ihre Existenz bei uns ebenso schlecht rechtfertigen wie die Kunst ganz allgemein: Millionen von Menschen kommen ohne sie aus und vermissen auch nichts dabei. Sie wissen gar nicht, was sie tatsächlich entbehren.
Unsere Zeit hat das Künstlerische verdrängt. Der verkümmerten Wahrnehmungsfähigkeit antwortet nun zwangsläufig eine verarmte Umwelt. Kunst, auch Baukunst, ist nicht Teil des Lebens und daher im Zweifel entbehrlich. So gesehen, sind diese Häuser und diese Städte das einzige mögliche Ergebnis. Architektur, die Kunst des Bauens, ist aber weder kultureller Luxus noch entbehrlicher Schmuck, sie ist schlichtweg

existentielle Notwendigkeit. Sie ist es im Kleinen nicht weniger als im Großen, nicht nur für die besonderen Aufgaben, sondern gerade und vor allem für das ganz Alltägliche, für das Wohnen wie für das Arbeiten und Sich-Erholen. Seiner baulichen Umgebung kann niemand entrinnen. Wir leben in ihr und mit ihr, müssen es, ob wir wollen oder nicht.

Architektur wirkt ständig auf menschliches Verhalten zurück. In dem Maße, wie sie den Raum für menschliches Leben formt, gestaltet sie dieses Leben mit. Weil der Mensch ein soziales Wesen ist, bedeutet Architektur immer zugleich auch gebaute soziale Gestaltung. Architektur ist eben nicht nur — im klassischen Sinne — eine schöne, sondern vor allem auch eine soziale Kunst. Nur ihre soziale Dimension sichert der Architektur als Kunst ihre Bedeutung für das Leben. Architektur geht jeden an. Noch immer aber wissen die sogenannten Planungsbetroffenen zu wenig von ihrem Betroffensein. Von einer lieblosen Umwelt deformiert, haben sich zu viele schon daran gewöhnt, das Häßliche als notwendig hinzunehmen.

Das Zeitalter verlangt nach einer Veränderung der Gesellschaft. Unsere geistigen, sozialen, wirtschaftlichen Grundlagen sind infrage gestellt. Technischer Fortschritt ist heute für viele Menschen gleichbedeutend mit Umweltzerstörung und Traditionsverlust. Je mehr der voranschreitende Modernisierungsprozeß die Substanz überkommener Lebensformen anzugreifen beginnt, je stärker er die ökologischen Gleichgewichte gefährdet und damit die natürliche Lebensbasis bedroht, desto unübersehbarer werden für den Einzelnen die zerstörerischen Folgen der industriellen Entwicklung. Bewußtsein, hat der Schriftsteller Jürgen Becker mit Blick auf das „Waldsterben" festgestellt, läßt sich bei uns nur über ökonomische und ökologische Bedrohung mobilisieren, nicht über eine Bedrohung der Kultur, nicht damit, daß für die Poesie unter Umständen ein paar Metaphern verlorengehen.

Die Verbindung von Kunst und Industrie war historisch zum Scheitern verurteilt. Heute richtet sich die Hoffnung eher auf ein Bündnis zwischen Kunst und Ökologie.

(1987)

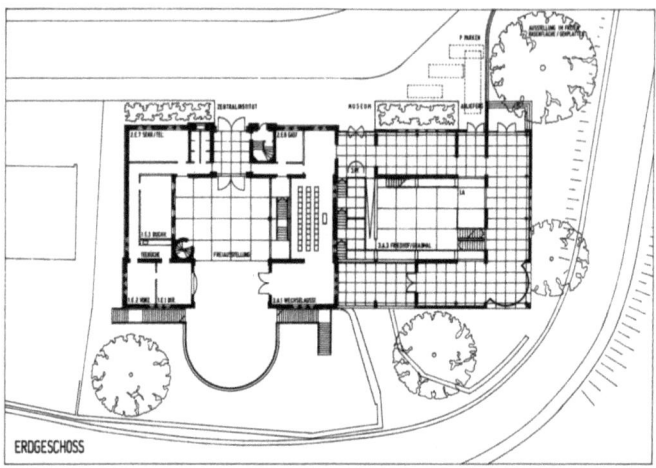

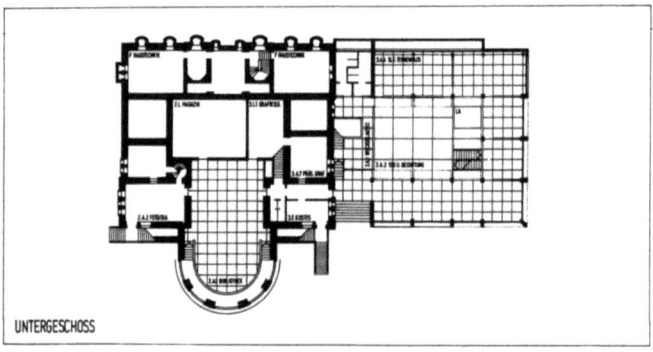

Zentralinstitut und Museum für Sepulkralkultur, Kassel,
Wettbewerbsprojekt (1. Preis) 1988

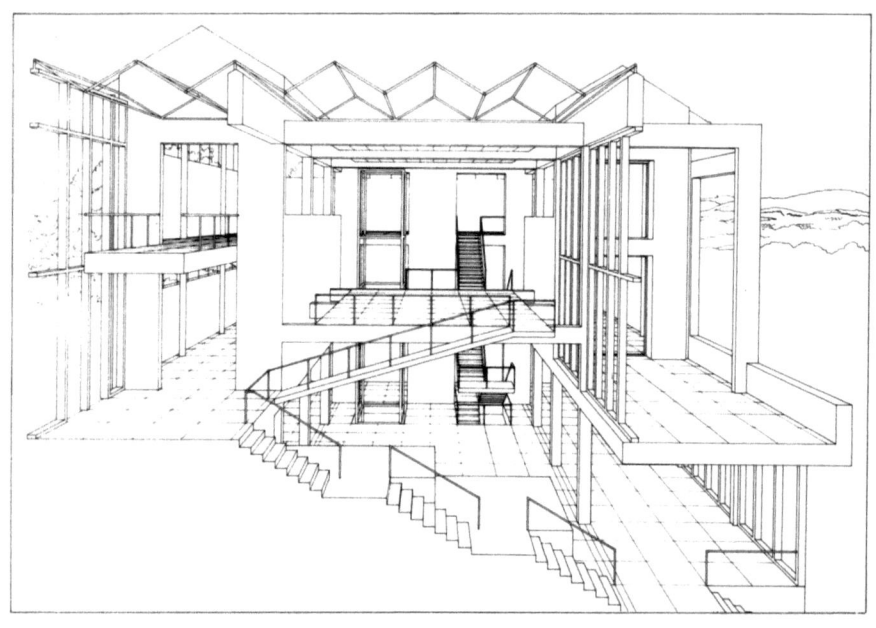

Museum Kassel

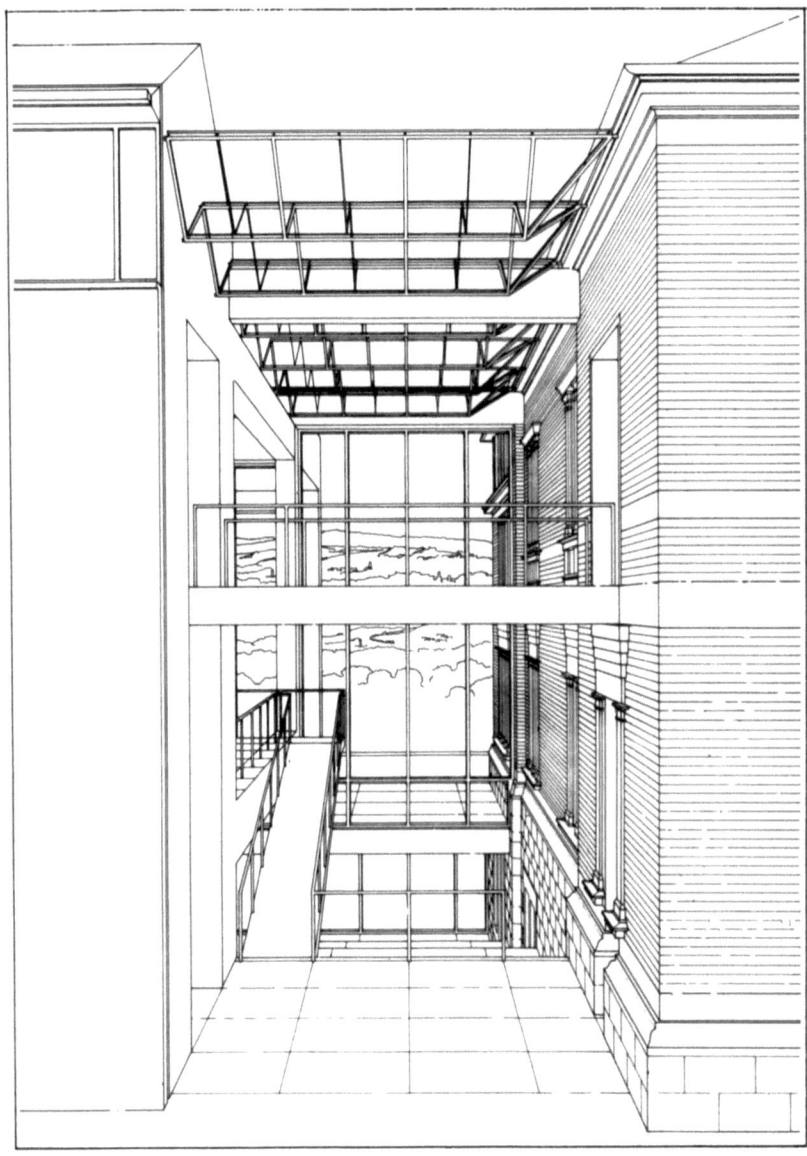

Qualität von Architektur.
Annäherung an einen unbestimmten Begriff

Bezeichnet der Begriff „Qualität" in der Architektur nur eine relative Größe, oder gibt es architektonische Werte auch unabhängig von Zeitlichem, Räumlichem, Persönlichem? Worin besteht jene geistig-künstlerische Übereinstimmung jenseits von Zeitgeschmack und gesellschaftlicher Abhängigkeit, die über Jahrhunderte und Jahrtausende hinweg Werke der Baukunst wie den Parthenon-Tempel oder die Kathedrale von Chartres miteinander verbindet? Was bringt, um ein anschauliches Beispiel unserer Tage zu gebrauchen, Scharouns Philharmonie und Mies' Galerie in Berlin, die inselhaft, erratischen Blöcken gleich und anscheinend unversöhnt, an ihrem Ort einander gegenüberstehen, was bringt sie einander innerlich doch so nahe? Was ist dieses Gemeinsame, das uns wissen läßt: Beide Bauten sind von höchster architektonischer Qualität?

Ich kann die ganze Problemmasse, auf die ich gestoßen bin, nur skizzenhaft ausbreiten. Die Ordnung, in die ich sie zu bringen versuchte, ist nicht sehr systematisch. Wie immer, wenn einer sich seiner Sache nicht sicher genug ist, wird auch hier versucht, mit erborgter Kompetenz der ihrer selbst ungewissen eigenen Kompetenz ein wenig aufzuhelfen.

Keine Ewigkeitswerte

Die vormoderne Welt war fest gefügt. Jeder hatte in ihr seinen Platz, den er nicht wählen konnte, vielmehr hinnehmen mußte. Veränderungen erfolgten nur langsam, für den Einzelnen nicht oder kaum spürbar. So mußte sie ihm als gottgewollt unabänderlich erscheinen.

Mit der Aufklärung begann die Moderne. Sie nun begehrte zweifelnd Rechtfertigung von dieser dogmatisch verfestigten Welt, brachte sie so ins Wanken, leitet damit ihre Auflösung ein.

Robert Musils *Mann ohne Eigenschaften* ist der Prototyp des modernen Menschen: „Er haßt wie den Tod alles, was so tut, als stünde es ein für allemal fest, die großen Ideale und Gesetze und ihren kleinen versteinerten Abdruck, den gefriedeten Charakter. Er hält kein Ding für fest, kein Ich, keine Ordnung, glaubt an keine Bindung, und alles besitzt den Wert, den es hat, nur bis zum nächsten Akt der Schöpfung."

Die philiströse Ästhetik des „Wahren, Guten, Schönen", von der Opernhausgiebel noch heute künden, die das Kunstwerk auf illusionäre

Verklärung der alltäglichen Wirklichkeit verpflichtete und ihm dafür Ewigkeitswert verhieß, mußte ihren Offenbarungseid leisten. Für uns gehen diese Begriffe nicht mehr zusammen, erfahren wir doch tagtäglich – und moderne Kunst führt es uns überdies vor –, daß die Wahrheit häßlich und das Böse schön sein kann. „Das Schöne ist nichts als des Schrecklichen Anfang", heißt es in Rilkes Duineser Elegien. Das sittlich Gute aber zeigt sich nur noch im klassizistischen Kitsch.

Weil die Natur für ihr Wirken keine Begründung bietet, sucht sie der Mensch zu geben. Mit seinen Theorien und Projekten möchte er Sinn stiften, dem sich ihm sinnlos Darstellenden eigene Sinnstrukturen entgegen setzen. Den eisigen Hauch des Nichts, der ihn anweht in der „endlosen Weite der Räume" (Pascal), glaubt er dahinter bannen zu können. Sinnsuche war seit Platon aufs Ganze gerichtet, zielte auf unbedingte, endgültige Wahrheit. Die Erkenntnis, daß die Realität durch die Verfassung unseres Bewußtseins konstituiert wird (Kant), relativierte vermeintlich absolute Wahrheiten, beraubte den Menschen seines Transzendenzbezugs, bedeutete das Ende der klassischen Metaphysik. Damit geriet die Sinnfrage selbst in Verruf. Basis aller Philosophie konnte fortan nur noch die Existenz des Menschen, der Mensch selber sein, keine Gegebenheit also mehr unabhängig von ihm.

Die Einsicht in den Fortfall absoluter Prinzipien ist nicht rückgängig zu machen. Ideen und Normen sind nicht „ewig", sondern dem geschichtlichen Wandel ebenso unterworfen wie der individuellen Interpretation. Das Handeln muß sich hinfort selbst Ziel und Maß setzen.

Kein Künstler von Rang arbeitet heute mehr in dem Bewußtsein, für die Ewigkeit zu schaffen. Allein die Materialentscheidung schließt diese Möglichkeit aus. Aktuelle Baustoffe und Verbindungstechniken, über die der Architekt schon gar nichts mehr vermag, sind von solcher Beschaffenheit, daß seine Werke selbst eine kurzlebigere Wertschätzung materiell manchmal nicht mehr überdauern werden.

Eine Gesellschaft, die sich als offen und demokratisch versteht, entwickelt zwangsläufig eine andere Beziehung zur Kunst als die feudale, in der jedes Kunstwerk seinen Platz behauptete, weil deren soziale Geschlossenheit den Kanon für das Richtige und Falsche lieferte. Aber diese angebliche Geschlossenheit war eine weitgehend aufgezwungene. Der geistige Gehalt, an dem sich der Kanon legitimierte, verlor mit fortschreitender Erkenntnis, weil immer unhaltbarer, immer mehr an Verbindlichkeit.

Vergangene künstlerische Normen waren also selbst zu ihrer Zeit bereits fragwürdig, soweit ihnen das fehlte, was Hegel Substantialität nannte, nämlich — im Gegensatz zum lediglich von außen Gesetzten und Aufgezwungenen — das in einer gewissen Einheit mit dem Leben und dem Bewußtsein Stehende.

Für die Kunst gibt es heute keine substantiellen Normen mehr. Am Ende des Säkularisationsprozesses der Neuzeit steht der Plural, das Bewußtsein, in mehr als nur einer Welt zu leben: alle gleich gültig, alle gleich ungültig. Der aus dem Reich der scheinbar Sicherheit verleihenden ewigen Gesetze entlassene moderne Mensch erfährt nun, daß die Wahrheit nicht absolut ist, sich jedenfalls menschlicher Erkenntnis entzieht. Das alte Leiden unter dem Zwang, nicht wählen zu können, weicht der neuen Qual, wählen zu müssen: Schicksal und Risiko moderner Existenz.

Vom Singular zum Plural

Die Moderne ist als ein letzter, fast verzweifelter Versuch zu sehen, den auseinanderfallenden Welten zum Trotz die Welt weiterhin als Einheit zu begreifen und ihnen das Projekt eines Gesamtkunstwerks „Leben" entgegenzusetzen, für das sie universale Gültigkeit beanspruchte. Die ungestillte Sehnsucht nach dem Ganzen, die die spätbürgerliche Epoche bis heute durchzieht, findet in ihr noch einmal beredten Ausdruck.

Dieser Versuch zur großen Einheit von Kunst und Leben, von sozialer Utopie und ästhetischem Projekt, muß vor dem Hintergrund des Industriekitsches und des banalen Architektur-Historismus der Gründerzeit betrachtet werden. Der ästhetisch-erzieherische Impetus funktionalistischer und konstruktivistischer Tendenzen der modernen Architektur ist unverkennbar. Die architektonische Form sollte rational und methodisch aus objektiven, vorwiegend funktionalen und konstruktiven Bedingungen abgeleitet werden und dadurch nachvollziehbar sein. Da in der Ethik und der auf sie bezogenen Ästhetik als unverläßlichen Größen kein Begründungsrückhalt zu gewinnen war, suchte ihn die Moderne in außerästhetischen, scheinbar objektiven Tatbeständen zu finden. Gebrauchstüchtigkeit, Werkgerechtigkeit, Sachlichkeit stehen für das Bemühen, anstelle obsolet gewordener ästhetischer Normen eine neue objektive, verbindliche Ordnung aufzurichten. Die „zeitlose" sogenannte gute Form wurde aber schnell zur Uni-Form.

Das Kulturprojekt der Moderne konnte sich in ein alles umgreifendes „Weltformelbedürfnis" (Max Weber) eingefügt sehen, das bis in unsere

Tage moderne Wissenschaft umtreibt, dieser Glaube, mit einer einzigen Theorie alle Welträtsel auf einmal lösen zu können. Sämtliche wissenschaftlichen Einheitskonzeptionen sind oder waren ja abhängig von einer Weltsicht, die unbewiesen Einheit voraussetzt. Die Einheit der Natur existiert aber nur in der naturwissenschaftlichen Theorie. „The most ingenious way of becoming foolish is by a system", spottete der Earl of Shaftesbury schon zu Beginn der Aufklärung.

Der Universalitätsanspruch der Moderne sah eine einheitliche Weltgesellschaft vor. Er ignorierte nationale, regionale oder lokale Besonderheiten. In seinem Streben nach totaler Ästhetisierung des Lebens zog er sich einerseits den Vorwurf der Lebensferne zu, andererseits die Anschuldigung des Totalitarismus. Lyotard, dem mitleidlosen Kritiker der Moderne, wird übel von diesem „Modergeruch der Sehnsucht nach dem Ganzen", der der Moderne als unvollendetem Projekt entweicht.

Die Postmoderne versteht sich als Reaktion auf jenes als wirklichkeitsfremd verurteilte eindimensionale Weltmodell. Sie steht ganz unter dem Zeichen des Pluralismus. Die Stileinheit der Moderne wird abgelöst durch den postmodernen Eklektizismus. Er gibt vor, die widersprüchliche Komplexität der Realität widerzuspiegeln. Wir konstatieren von nun an eine Gleichzeitigkeit von Ungleichzeitigem, das Nebeneinander von eigentlich Unvereinbarem, nicht mehr einheitlich zu Begreifendem, eine nichts und niemand mehr verantwortliche Subjektivität. Wo alles möglich wird, ist alles erlaubt und nichts mehr verbindlich. Alles ist Kunst. Auf ihren Nullwert reduziert, hätte sie damit allerdings ausgespielt, würde sie zu etwas inzwischen Vergangenem.

Ist Postmoderne nur noch so etwas wie „anything goes" (Paul Feyerabend), weil ohnehin nichts mehr ernst zu nehmen ist? Dies „Mach, was du willst" führt uns in einen anarchischen Zustand jenseits von Kritik, in dem alle Maßstäbe suspendiert, alle Urteile aufgehoben sind. Der Mensch empfindet heute schmerzlich einen Mangel an Echtheit in allem, was er kulturell erfährt. Er fühlt, daß alles, oder doch fast alles, was er tut, nur ein „als ob" ist. Die Postmoderne hat daraus ihre Sprache der Uneigentlichkeit abgeleitet, in der nichts mehr bei seinem Namen genannt wird. Man spricht – auch künstlerisch – sozusagen nur noch in Anführungszeichen.

Postmodern, postindustriell, schließlich sogar posthistorisch, ein Zustand hinter aller (bisherigen) Geschichte: Da scheint sich, unklar noch und kaum konturiert, das Bewußtsein einer Epochenschwelle anzudeuten, dessen zentrale Erfahrung die vom Scheitern der Vernunft ist. Dieses

Bewußtsein könnte das unwiderrufliche Ende des historischen Projekts der europäischen Aufklärung einleiten.

Die Moderne hatte – im Geist der Aufklärung und (nach eigenem Verständnis) als ihre Vollenderin – ganz auf die Vernunft gesetzt. Nur die Vernunft schien Objektivität garantieren zu können. Heute wird der Architektur der Moderne vorgeworfen, zugunsten dieser ausschließlich rationalistischen und positivistischen Denkweise die emotionalen Bedürfnisse entscheidend vernachlässigt zu haben. Es bleibe dahingestellt, daß dieser Vorwurf in solcher Ausschließlichkeit nicht zutrifft (und es sei hier stellvertretend und als ein Gegenbeispiel für viele nur der Name Aalto genannt). Mit Logik allein – wer wollte dem widersprechen! – ist dem Menschen nun einmal nicht beizukommen. Schließlich ist er beides: vernunftbegabt und gefühlsabhängig, und beides in unterschiedlicher Mischung und Intensität.

Systematisches Denken war immer mißtrauisch gegen Imagination. Das ist nicht erst ein modernes Problem. Zur Zeit hat es aber keine Konjunktur. Das Pendel mußte zur Kompensation vermeintlicher wie tatsächlicher Defizite wohl zwangsläufig erst einmal ins krasse Gegenteil ausschlagen. Die postmoderne Gesellschaft befindet sich wieder auf Sinnsuche außerhalb der Grenzen der Vernunft.

Wir hatten die Möglichkeit zu reflexionslosem, ursprünglichem, selbstverständlichem Tun weitgehend eingebüßt und leiden schmerzlich darunter. Aber die Tatsache, daß sich unserer möglichen Reflexion nun, nachdem alle Werte freigegeben sind, stattdessen unendlicher Raum geöffnet hat, empfinden wir keineswegs als tröstlichen Ausgleich.

Das Maß des Menschen

Die Frage nach „zeitlosen" Qualitätsmerkmalen ist zunächst eine nach „zeitlosen" Normen: nach den Chancen einer ethischen Begründung menschlichen Tuns, nach ihrer Verbindlichkeit. Für sich bleibt Ästhetik unverbindlich. Ästhetische Normen wurden deshalb traditionell aus der Ethik abgeleitet, legitimiert. Die verbindende Klammer ist „Wahrheit". Schönheit sieht sich zu ihrer Begründung auf Wahrheit angewiesen. Seit Hegel ist der zentrale Begriff Ästhetik sogar weitgehend von dem der Wahrheit verdrängt worden.

Kunst soll die Wirklichkeit zur Erscheinung bringen. Moderne Kunst will deshalb nicht „schön", sie will „wahr" sein. Im allgemeinen Bewußtsein wird im „Schönen" nur noch ein Oberflächenphänomen gesehen: Ästhetisierung als Ersatz des Sinnverlustes? Weil das Leben zu traurig wäre ohne Schönheit? Mit der Illusion des Schönen, dem schönen Schein, wollen wir gegen die Vergeblichkeit antreten.

Solange der Mensch nur ästhetisch lebt, bleibt sein ganzes Leben unwesentlich, also belanglos. Damit soll der — am eindringlichsten von Kierkegaard dargestellte — Unterschied aufgehoben werden, der der Ethik existentielle Bedeutung zumißt, dem Ästhetischen aber jede Verbindlichkeit und Verantwortlichkeit abspricht.

Der Begriff „Wahrheit" hat nicht nur eine erkenntnistheoretische Dimension, in ihn fließen zugleich auch Wertvorstellungen ein. Was aber ist Wahrheit? Unerträglich die Kantische Einsicht in den Verlust der Sicherheit von Erkenntnis, den Verlust der Wahrheit. Ist Wahrheit einzig und allein, daß es sie gar nicht gibt?

Woher Qualitätsmerkmale noch ableiten, da der Himmel als Herkunftsinstanz nicht mehr zur Verfügung steht? Sind es nicht mehr die Götter, so muß es der Mensch selbst sein, der sich die Götter einmal erschaffen hatte. Weil sich allgemein verbindliche, verpflichtende Werte im Kosmischen und Metaphysischen, das heißt, jenseits menschlicher Natur und Erkenntnisfähigkeit, nicht etablieren lassen, können sie allein in seiner Natur, seiner Körperlichkeit, seiner spirituellen und sinnlichen Wahrnehmungsfähigkeit gesucht und gefunden werden. Auf Hölderlins bewegte Klage: „Gibt es auf Erden ein Maß?" kann die Antwort nur lauten: das Maß des Menschen ist der Mensch.

Harmonie und Symmetrie

Also haben zuerst die Menschenkundler das Wort. Läßt sich ein Schönheitsbedürfnis anthropologisch begründen? Und wie wäre es beschaffen? Verhaltensforschung und Völkerkunde (z.B. Eibl-Eibesfeld) versichern uns, daß ebenso reichhaltig wie angeborene Aversionen auch Präferenzen sind. So sei eine Bevorzugung des „Schönen" feststellbar, die bei allen Völkern, wenn auch kulturell unterschiedlich geprägt, entsprechende Vorlieben schafft. Schönheit wäre demnach ein Urbedürfnis.

Zu fragen bleibt, was dieses Schönheitsbedürfnis tatsächlich meint. Der idealistische Schönheitsbegriff impliziert Harmonie, gleichmäßige Harmonie. Kant definiert das Schöne als „Zweckmäßigkeit ohne

Zweck". Schön sei, was ohne Begriff allgemein gefällt, das Gefällige also, dasjenige, was jedermann gefallen muß.

In der Tat scheinen bestimmte visuelle harmonische Verhältnisse, die ihre in Zahlen belegbare Korrespondenz in der Musikharmonik haben, über die Zeiten hinweg und bis heute als solche empfunden worden zu sein. Auf den Goldenen Schnitt sprechen angeblich (so der Naturwissenschaftler J.-G. Helmcke) alle Menschen zwangsläufig mit positiven Empfindungen an.

Schon die klassischen Architekturtheoretiker hatten sich bei ihrer Beschwörung „ewig" gültiger Harmoniegesetze auf die dem Bau des menschlichen Körpers idealtypisch innewohnende Proportionierung berufen. In ihrer Ebenbildlichkeit vermag sich der Mensch in der harmonischen Architektur wiederzuerkennen.

Doch unsere Erfahrung mit neuer Musik und Kunst und unser erweitertes Wissen über Naturvölker und primitive Kulturen stellen die behauptete natürliche Vorherrschaft bestimmter Form- und Klangharmonien und -anordnungen in Frage. Palladios Harmonie – und die der Renaissance allgemein – war (wie sein Biograph James S. Ackerman betont) nicht mehr als ein ingeniöses Produkt des abendländischen Humanismus, das allerdings zu unvergleichlicher, dauerhafter Wirkung gebracht wurde.

Für die Symmetrie wird Ähnliches wie für die Harmonie ins Feld geführt. Unter allen geometrischen Gesetzen architektonischer Komposition beherrscht eines alle übrigen: die Spiegelsymmetrie. Über 5000 Jahre waren Bauten nahezu ausnahmslos entweder ganz oder doch zu wesentlichen Teilen symmetrisch. Wenn ein Kind ein Haus zeichnet, ist seine Symmetrie die eines Gesichts. Nach Pascal leitet sich unsere Vorstellung von Symmetrie vom menschlichen Antlitz her. Deshalb fordern wir Symmetrie nur horizontal und nicht etwa vertikal oder in der Tiefe. Seit der Renaissance betont die Architekturtheorie das Gesichtsbild. Der Begriff „Fassade" (vom französischen „face" = Gesicht) impliziert Aufriß-Symmetrie. Das anthropologische Argument ist ein Argument der Eitelkeit: Wir mögen symmetrische Gebäude, weil wir selbst uns in ihnen wiederfinden.

Wenn Gottfried Semper mit Hinweis auf Naturvölker und ihre symmetrischen Muster so weit geht, Symmetrie von einer ästhetischen Kategorie zu einer moralischen Tugend zu erheben, so darf nicht verschwiegen werden, daß andererseits die Moderne gerade unter dem Signum der Moral gegen die Symmetrie zu Felde gezogen war. Bruno Zevi wirft sie in einen Topf mit Perversität und Tyrannei: „Wenn du dich erst einmal von diesem Fetisch befreit hast, wirst du einen Riesenschritt weitergekommen sein auf dem Weg zu einer demokratischen Architektur." Nicht einmal das anthropologische Argument will der bewegt gestikulierende Römer gelten lassen, weil der Mensch ja keine Statue sei: „Symmetrisch bin ich erst, wenn ich im Sarg liege."

Versuche zu einer aus der Natur begründeten Architekturtheorie sind keineswegs neu. In ihrem Streben nach Objektivität suchten schon die französischen Rationalisten des 17. und 18. Jahrhunderts Wahrhaftigkeit in einem „Zurück zu den Ursprüngen". Die Rückkehr zu Vitruv war ihnen dabei keineswegs genug. Claude Perrault bemühte sich um eine Unterscheidung positiver von willkürlicher Schönheit und verwies nachdrücklich darauf, daß die klassischen architektonischen Ordnungen nichts als willkürliche kulturelle Vereinbarungen waren. Und die vielzitierte „Urhütte" des Abbé Laugier war nicht mehr und nicht weniger als ein früher Versuch, die wahren Ursprünge der Architektur und damit ihre Wertordnung in der Natur zu begründen.

Auch Sempers „Bekleidungstheorie" diente der Aufgabe, sich von idealistischen Stilvorstellungen freizumachen. In der menschlichen Kleidung wollte Semper die Grundlagen der Kunst erkennen, das Bedürfnis, ja, die Notwendigkeit der ästhetischen Einkleidung der Architektur analog zu ihr erklären.

Der Biologe Adolf Portmann hat den Begriff des Darstellungswertes geprägt, der Selbstdarstellung, ein Name für die Tatsache, daß ein lebendiges Wesen nicht nur Stoffwechsel treibt und als ein Gefüge von lebenserhaltenden Strukturen zu erklären ist, sondern daß der Organismus über das bloße Fristen hinaus eine Form aufbaut, die das Besondere gerade dieser Art darstellt. Die wesentliche Erkenntnis daraus: Die Natur erzeugt nicht nur reine Zweckform, die Naturform weist als Selbstdarstellung über sich hinaus.

Zweckform und Konstruktionsform

Für die funktionalistische Architekturtheorie ist der Zweck von vorrangiger Bedeutung. Unleugbar steht der Wunsch nach Erfüllung bestimmter Raumbedürfnisse am Anfang jeder architektonischen Realisation. Baukunst ist, anders als „freie" Kunst, an den Gebrauch gebunden. Ihr Zweck ist primär. Sie ist also nicht nur Form und Zeichen, sondern zu erst und vor allem Behausung. So konnte es geschehen, daß Brauchbarkeit zum eigentlichen Inhalt der Ästhetik erklärt wurde.

Nun ist Gebrauchstüchtigkeit zweifellos ein Merkmal architektonischer Qualität. Aber Brauchbarkeit ist eine in weiten Grenzen unterschiedlich auslegbare Eigenschaft. Adorno hat vom Unpraktischen des erbarmungslos Praktischen gesprochen. Zweckhaftes und Zweckfreies sind nicht sauber auseinanderzuhalten, weil sie historisch zusammengehörten. Zweckmäßigkeit war nicht das Gegenteil des Ästhetischen. Kants Definition des Schönen als Zweckmäßigkeit ohne Zweck sei hier noch einmal in Erinnerung gerufen.

Steckt die Bindung, die man vergeblich aus Weltanschaulichem herbeizuzitieren sucht, nicht zuallererst im Material? Ist die Ebene, auf der über Sein oder Nichtsein zwingend und ohne Rückgriff auf zweifelhafte Leitbilder zu befinden ist, nicht am ehesten die technische?

Architektur bedarf zu ihrer Verwirklichung der Technik. Mit Hilfe von Material und Konstruktion nimmt sie Gestalt an. Schon immer ließ sich die Architektur von der technischen Beherrschung des Materials inspirieren. Aber die Beziehung zwischen Konstruktion und Form ist so variabel und manchmal auch so widersprüchlich wie die zwischen Funktion und Form. Einerseits unterliegt Technik unwandelbaren physikalischen Gesetzmäßigkeiten, andererseits haben sich mit dem technischen Fortschritt die Grenzen gelockert, die formaler Willkür früher gesetzt waren. Die Materialbindung ist heute weitgehend entfallen.

Erst seit den französischen Rationalisten, der englischen Arts-and-Crafts-Bewegung und den Protagonisten des Neuen Bauens gilt der Grundsatz, daß Architektur ehrlicher Ausdruck von Material und Konstruktion zu sein habe. In der Architekturgeschichte aber finden sich genug Beispiele dafür, daß architektonische Qualität und konstruktive Einsichtigkeit einander keineswegs bedingen. Man könnte sogar so weit gehen zu behaupten, es sei eher die Ausnahme, wenn die Baugestalt sichtbarer Ausdruck der Konstruktion ist.

In der Antike, weniger in der Romanik und Gotik, aber dann wieder in der Zeit von der Renaissance bis zum Klassizismus sind die tatsächlichen baulichen Gegebenheiten meist von ganz anderen architektonischen Erscheinungen überlagert. Auch und gerade in der modernen Architektur klafft ein Abgrund zwischen selbstgewähltem Anspruch und Wirklichkeit.

Autonome Kunst und soziales Agens

Architektur ist keine technische, sondern eine künstlerische Disziplin. Darauf kann man sich heute wieder leichter verständigen als noch vor einigen Jahren. Die Baukunst ist aber nicht nur autonome, sondern zugleich auch abhängige Kunst, oder in anderen Worten: soziales Agens. Je nach Standort werden die beiden Seiten dieses Doppelcharakters in umgekehrter Reihenfolge aufgezählt. Für das Kunstwerk ist das Formale wesentlich. Erst die Form macht es zu einem solchen. „Ein Kunstwerk braucht niemandem zu gefallen, das Haus aber ist einem jeden verantwortlich", hat Adolf Loos gesagt.

In dem Maße, in dem Architektur als reine Kunst interpretiert wird, wachsen die Schwierigkeiten, Qualität zu definieren. Das ist eine Folge der Offenheit des Kunstbegriffs, dessen Schicksal sie als autonome Kunst teilen würde.

Eine unveränderliche Ästhetik ist heute schlechterdings nicht mehr vorstellbar. Wo sind die künstlerischen Ewigkeitswerte, da Kunst zwar immer wieder erklärt und auf Begriffe gebracht worden ist, die aber von der Kunst noch stets überholt wurden? Kunst entzieht sich zuletzt immer wieder der Verfügbarkeit durch den Begriff; darin ahmt sie Natur nach. Blicken wir zurück. War es früher anders? Eine Epoche löste die andere ab, entthronte Kunstanschauungen, um neue aufzurichten, die sich nach einiger Zeit ebenfalls als unzureichend zu erweisen schienen. Dennoch behauptete sich das einmal Geschaffene im Gedächtnis der Nachlebenden.

Kunst kennt keine Regeln, allenfalls solche, die aus der Logik ihrer eigenen Bewegung entstehen und sich folglich auch mit dieser ihr eigenen Dynamik wieder verändern. Sie unterliegen ganz der lebendigen Erfahrung. Die Eigenart des einzelnen Kunstwerks läßt sich nicht mehr durch den Vergleich mit anderen Werken oder mit einem übergreifenden Stil, sondern nur noch an sich selbst messen.

Aus dem Kunstcharakter der Architektur ist – das wird nach allem, was über Kunst gesagt wurde, klar – kein brauchbarer Qualitätsmaßstab für den Alltag abzuleiten. Dieser ist nur aus ihrer sozialen Dimension zu gewinnen, aus ihrem Gebrauchswert.

Seit dem Jahr 1968 hat die gesellschaftliche Fragestellung – die sogenannte Relevanzfrage – freilich allzu einseitig die Gemüter beschäftigt und den Blick auf das doch reichlich komplexere Phänomen verstellt. Immerhin: in den Unschuldszustand des L'art pour l'art kann die Architektur nun nicht mehr zurück. Sie hat, wir selbst haben die Unschuld verloren. Nicht mehr Verschönerung und Rahmen einer im wesentlichen erblichen Führungselite, muß sie ihre Legitimation, ihre Grundlagen und ihre Maßstäbe nun aus der Gesamtheit einer Gesellschaft nehmen, sie ist jetzt auf breite Zustimmung angewiesen. Diese ist abhängig vom gesellschaftlich bedingten Bewußtseins- und Unterbewußtseinszustand derer, auf die Wirkung ausgeübt werden soll. Kunstverständnis setzt Bildung voraus. Architektur aber, die öffentlich ist und allen zu „dienen" hat, muß insofern auch ohne Bildung Wesentliches vermitteln.

Entsprechung von Form und Inhalt

Aus der Doppeleigenschaft der Architektur, Kunst und soziales Agens zugleich zu sein, ergeben sich für mich zwei Komplexe von Eigenschaften, an denen der Qualitätsbegriff von Architektur dingfest gemacht werden kann:
der Grad der Form-Inhalt-Entsprechung
und das Maß der Besonderheit und Neuartigkeit.
 Die Forderung nach Übereinstimmung von Gehalt und Gestalt durchzieht die Theoriegeschichte. Sie wird, mehr oder weniger explizit, für das Kunstwerk erhoben, gilt folglich auch für Werke der Baukunst.
 Anspruch des Kunstwerks ist es, Wirklichkeit in eine eigenständige Form übertragen zu haben. Je mehr ihm dies gelingt, desto „wahrhaftiger" ist es. Es ist es dann, wenn es, wie Goethe sagt, „mit sich übereinstimmt", das will sagen: wenn Form und Inhalt sich vollkommen verschränken und sich dem Blick als Einheit darbieten. Die Qualität von Architektur dürfte umso höher sein, je enger sie die beiden Aspekte durcheinander vermittelt.
 Die Entsprechung zwischen Form und Aufgabe ist selten eindeutig. Es wäre einfach, wenn der Inhalt die Form ausmachte und die Form den Inhalt. Das eigentliche künstlerische Problem besteht in der konkreten Darstellung eines abstrakten Sachverhalts, in der Übersetzung von nur gedanklich Existentem in die Gegenständlichkeit eines räumlichen Gebildes. Die Semantik der Formen ist für den Erfolg dieser Übertragungsleistung von ausschlaggebender Bedeutung. Zur Herstellung des semantischen Zusammenhangs muß die Form „strukturelle Ähnlichkeit" (Christian Norberg-Schulz) mit der Bauaufgabe und die technische Lösung strukturelle Ähnlichkeit mit der Form besitzen. Das ist leichter gesagt als getan.

Architektur ist nicht schematisch aus noch so detaillierten Nutzungsbeschreibungen ableitbar. Die verbale und die architektonische Begriffswelt sind nicht kompatibel. Architektonische Formen und Typen besitzen, wie ein Blick zurück in die Geschichte lehrt, auch eine architekturimmanente Autonomie, die nicht ohne weiteres mit gesellschaftlichen Aspekten in Beziehung zu bringen ist. Die Mittel haben ihre eigenen Gesetze und ihre eigene Logik. Ihr Fundament ist die Geometrie, als solches wertneutral, unabhängig.

Für Norberg-Schulz ist architektonische Qualität vor allem eine Frage von „Relevanz". Wenn für die Sache unerhebliche Aspekte ein Werk bestimmen, fehlt ihm der innere Zusammenhang. Das Verlangen nach Relevanz bedeutet, daß die Teile einer architektonischen Ganzheit eine gegenseitige Abhängigkeit aufweisen müssen. Es entspricht, meint Norberg-Schulz, einem allgemeinen Bedürfnis nach Ordnung.

Der Begriff der Relevanz verweist auf Albertis Qualitätsmerkmal der architektonischen Ganzheit, die sich darin zeigt, daß ihr nichts hinzugefügt und nichts weggenommen werden könne, ohne ihre Einheit und innere Logik zu zerstören.

Andere Wörter für denselben Sachverhalt wären Schlüssigkeit, Stimmigkeit, Sinnfälligkeit, unmittelbare Einsichtigkeit. Das im wirklichen Sinne Notwendige bildet den Daseinsgrund der Architektur. Wir sollten wissen, daß es nur diesen einen Prüfstein unnachgiebiger Notwendigkeit gegenüber der Ungenauigkeit der Gedanken gibt.

Besonderheit und Neuartigkeit

Zur möglichst vollkommenen Entsprechung von Form und Inhalt muß als ein anderes Wesentliches hinzutreten die Eigenständigkeit der architektonischen Lösung. Originalität – oder Besonderheit – und Neuartigkeit: die eine Eigenschaft geht in der anderen auf. Für Paul Valéry ist Neuartigkeit neben Eindringlichkeit und Seltsamkeit jener neue ästhetische Wert, er nennt ihn auch Schockwert, der den Begriff des Schönen inzwischen verdrängt hat. Daß dem Neuen schon immer eine Schlüsselrolle zuerkannt wurde, beweist unter zahlreichen anderen Bekenntnissen zur Innovation gerade auch Schinkels Satz, daß die Kunst überhaupt nichts ist, wenn sie nicht neu ist.

Die Kategorie des Neuen, an sich inhaltslos, erlaubt uns nicht ohne weiteres zu erkennen, was eine notwendige und wesentliche und was bloß eine beliebige und belanglose Neuerung ist. Aktualität, die oft nur kurzfristig Aufmerksamkeit für ein Werk oder einen Künstler, zeigt uns keinesfalls an, wohin der Weltgeist unterwegs ist (Dieter Wellershoff), verrät allenfalls, was dem Zeitgeist soeben frommt.

Daß das Neue dennoch nicht als kunstfremdes Sensationsbedürfnis abzutun ist, erweise sich, sagt Adorno, allein schon in seiner Unwiderstehlichkeit. Adornos ästhetische Theorie orientiert sich ganz an den Kategorien der Besonderheit und des Neuen. Er definiert: besonders, also original, ist ein Werk, wenn darin das schlechthin Neue, das rational Unberechenbare und vorerst Unerklärliche hervortritt.

Wenn das Neue auch unvorhersehbar ist, so muß daraus keineswegs mit Notwendigkeit gefolgert werden, daß es nicht dennoch nachvollziehbar wäre. Sind sie erst einmal da, wirken die großen Werke der Kunst so, als hätten sie gar nicht anders ausfallen können. So gesehen, läßt sich das Neue nachträglich auch als das mögliche Neue auffassen, wie es im Geflecht vielfältiger Gegebenheiten vorstellbar war. Alles ist nicht zu allen Zeiten möglich. Das Vorgestaltete beeinflußt den Künstler. Ein Kunstwerk ist nicht ohne das andere denkbar.

Die Verpflichtung zur Innovation ergibt sich aus dem Grundsatz der zunehmenden Reflexion des fortschreitenden Bewußtseins. Maßgeblich ist das jeweils fortgeschrittenste. Das Gesetz ist „unerbittlich" (H.M. Enzensberger); es zielt auf die utopische Dimension von Architektur, ihren selbstgewählten Auftrag zu kritischer Auseinandersetzung mit vorgefundener Realität. Das Beste am Neuen, meinte Valéry, entspreche stets einem alten, doch unerfüllt gebliebenen Bedürfnis. Im Neuartigen des großen Kunstwerks kommt die noch ungewordene bessere Wirklichkeit zum „Vor-Schein" (Ernst Bloch).

In der qualitativen Kategorie des Neuen berühren sich die architektonischen Verpflichtungen zu künstlerischer Überhöhung wie zu gesellschaftlicher Verantwortung. In ihr hätten sie sogar die Chance, ineins zu fallen.

(1986)

Noch Hoffnung auf Utopia?

Zukunft ist das Offene, das noch hoffen läßt. Also hoffen wir. Hoffnung als Lebensprinzip: das Unbekannte ist Ziel unseres Hoffens; zwar gefürchtet auch, aber mehr doch erhofft. Wir retten uns in das Unbekannte auf der Flucht vor dem Bekannten. Das Zukünftige enthält für uns das Erhoffte. Utopie richtet sich auf dieses Zukünftige, ohne das es kein Gegenwärtiges geben kann. Im Heute lebt das Morgen.

Ohne Utopie wären wir Lebewesen ohne Transzendenz, sagt der Dichter. Im Versuch, die Grenzen unserer Erfahrung zu überschreiten, entläßt sie uns zwar nicht aus dem erlittenen Hier und Jetzt, gibt unserem Dasein aber eine Richtung. Utopie ist Träumen nach vorwärts, ist Traum vom besseren Leben. Utopie soll die Phantasie bei der Suche nach anderen Möglichkeiten beflügeln. Utopie will den natürlichen Gang der Ereignisse überholen. Deshalb entstehen, im Vertrauen auf ihre subversive Kraft, Utopien vor allem in Krisenzeiten, aus denen ein Ausweg gefunden werden muß.

Utopie, der von Thomas Morus gebildete Begriff, meint den Nicht-Ort und die Nicht-Zeit. Seine Insel Utopia liegt nirgendwo. Sie ist ebenso unerreichbar wie die Unerreichbarkeit seines besten, des vollkommenen Staates, der auf ihr seinen Ort hätte. So bezeichnet Utopie allgemein das Wünschbare, aber nie zu Erreichende. Sie ist so wenig realisierbar wie das Ideal, dem sie sich verschrieben hat.

Ihre Unerreichbarkeit entwertet die Utopie aber auch. Utopist heißt einer, der sich ins Unausführbare verliert, ist also einer, der nicht ernst genommen werden muß.

Begriff und Phänomen des Utopischen sind janusköpfig. Sie zeigen sich in ihr Gegenteil verkehrt, wenn aus dem Traum von der besten aller möglichen Welten der Alptraum von der allerschlechtesten wird, von Huxleys „Schöner Neuer Welt" beispielsweise; oder Orwells „Ozeanien" in „1984". Wo die Utopie, hoffend, das Wünschbare, aber Unmögliche darstellt, beschreibt die Gegenutopie warnend das Nichtwünschbare, aber durchaus Mögliche.

*

Morus' „Nova Insula Utopia" lieh der Utopie schlechthin ihren Namen. Im krisenhaften Aufbruch vom Mittelalter in die Neuzeit, den sein persönliches Schicksal als Kirchenmärtyrer später selbst belegen sollte, hat der englische Kanzler beinahe zwei Jahrtausende nach Platos Entwurf des idealen Staates dem utopischen Denken damit neuen Anstoß gegeben. Allerdings hatte schon zwei Generationen früher der italienische Architekt, der sich Filarete nannte, seine Idealstadt *Sforzinda* erdacht, wohl das erste einer ganzen Reihe ähnlicher urbanistischer Traum-

Nach dem Zweiten Weltkrieg suchen die „spatialen", in den Luftraum ausweichenden und ausgreifenden Superstrukturen der Metabolisten, eines Yona Friedman oder der Archigram-Gruppe eine architektonische Antwort auf die Verstädterungsprobleme der westlichen Industriestaaten zu geben. Sie stehen für den technologischen Optimismus jener Tage. Die Architekten als Baukünstler reflektierten ihn auf ihre Weise: naiv. Haben sie nicht auf Veränderungen der Realität immer nur mit einer anderen Art von Ästhetik reagiert? Hat ihnen die Herausforderung durch das Maschinenzeitalter mehr abnötigen können als wieder bloß eine Ästhetisierung der Maschine?

Reduzieren sich schon die futuristischen Zukunftsbilder auf eine ausschmückende Illustrierung des städtischen Chaos, das eigentlich beherrscht werden wollte, so leben auch die Stadtsysteme dieser Neo-Avantgarde nur von der vordergründigen Vereinnahmung visueller Metaphern, die der Architektur bisher nicht angehörten — mit Vorliebe aus der Computer- und der Raumfahrttechnik.

Archigrams Science-fiction-Phantasien zeigen so wenig Einsichten in die Geheimnisse der Technologie wie — meinte ein Kritiker — der florale Jugendstil in die Botanik. Natürlich ist es weniger mühsam, sich nur mit dem äußeren Schein dieses technischen Universums zu messen, um es durch eine ironische „Sehnsucht nach der Zukunft" zu sublimieren, als sich in seine Gesetze zu vertiefen. Mit „Befreiung" durch Ironie löst Utopie die Probleme nicht. Im Gegenteil: sie stellt uns damit nur vor neue.

*

Die technologische Utopie hat das sozialutopische Bewußtsein ausgehöhlt und „auf tragische Weise lächerlich" gemacht. Sie bricht gegen Ende der sechziger Jahre in sich zusammen. Merkwürdig genug ist dabei die annähernde Gleichzeitigkeit von bisheriger technischer Klimax, dem Mondflug, und ersten Alarmsignalen der drohenden Erschöpfung des Energievorrats und der Zerstörung der Biosphäre dieser Erde als Folge des ungebremsten technischen Fortschritts.

Kulturrevolte von 1968 und Ölschock von 1973 sind die Eckdaten der „kritischen Schwelle" eines allgemeineren Bewußtseinswandels. Nun ist auch der Traum von der neuen Stadt ausgeträumt. An seine Stelle tritt die Sehnsucht nach Wiederherstellung der alten, die im Zeichen des Fortschritts zerstört wurde.

projekte aus dem eigentlichen Land der Wiedergeburt einer idealisierten Antike. Aus religiöser Erwartungshaltung wird Sozialutopie, wird die Hoffnung auf gesellschaftliche Veränderung.

Das Gegenstück zu Morus' liberaler Sozialutopie liefert hundert Jahre später Tommaso Campanellas absolutistische *Civitas Solis*. Während der subjektiven Freiheit Utopias eine informelle Bebauung entspricht, erstarrt der autoritäre Sonnenstaat – im Zeitalter des Sonnenkönigs – folgerichtig in zentralistischer baulicher Ordnung.

Der zweite Utopie-Schub antwortet auf den als Katastrophe erfahrenen Einbruch der Industrialisierung. Frühsozialisten wie Robert Owen, Charles Fourier und Etienne Cabet suchen in alternativen Vorstellungen von einer zukünftigen Gesellschaft und neuen Formen des Zusammenlebens in idealen Gemeinschaften Wege aus dem Massenelend. Auch Ebenezer Howards *Garden Cities of Tomorrow* stehen noch in dieser Tradition und gehören, wie jene von Owen oder Fourier, zu den seltenen Beispielen gelebter, das heißt experimentell erprobter Utopien.

*

Im 20. Jahrhundert verliert sich die Idee der sozialen Utopie. Moderne Stadtvisionen bestätigen nur den technisch-ökonomischen Vitalismus einer inzwischen hochentwickelten Industriegesellschaft. Antonio Sant' Elia und die italienischen Futuristen feiern die Dynamik großstädtischen Lebens in hymnischen Bildern.

Avantgarde-Stimmung bewegt die sowjetischen Konstruktivisten, die im kompromißlosen Bruch mit der obsoleten Vergangenheit eine Architektur ohne Vorbild anstreben, weil auch der dahinterstehende gesellschaftliche Anspruch kein Vorbild kennt. Wladimir Tatlins Spiralentwurf ist dafür programmatisch. Im Gefühl ihres Bahnbrechertums wagen die CIAM-Architekten um Le Corbusier, auch sie, ihren nicht weniger kühnen Versuch, für eine neue Welt ganz ohne Geschichte zu bauen. Nicht minder emphatisch, aber eher romantisch verklärt, bezeichnen ebenso die Architektur-Utopien der von Paul Scheerbart inspirierten „Gläsernen Kette" um die Brüder Taut und Hermann Finsterlin das Bewußtsein, an einer Zeitwende zu stehen.

*

Ist unser Fortschritt der Rückschritt? Hat Resignation utopisches Wollen abgelöst? Oder heißt das nur: von der Utopie der großen Schritte, zur Utopie der kleinen, weg vom unglaubhaft gewordenen Anspruch der Moderne, die vollständige Veränderung zu wollen?

*

Karl Popper hat schon in den vierziger Jahren die platonische Methode des Alles oder Nichts, des Planens im großen Stil, das, was er, im Gegensatz zur „Ad-hoc-Technik" des schrittweisen Umbaus einer bestehenden Ordnung, die „utopische Sozialtechnik" nennt, als höchst gefährlich, weil totalitär beschrieben. Er erteilt jedoch zugleich dem Historismus, der voraussetzt, daß der Lauf der Geschichte nicht zu ändern sei, eine eindeutige Absage.

Aber die großen Perspektiven des radikalen Utopismus, sein Versuch, keinen Stein auf dem anderen zu lassen, sind antirational und bergen in Ermangelung rationaler Methoden, die Gefahr eines Gebrauchs von Macht anstelle vernünftigen Handelns. Popper sieht auch einen Zusammenhang zwischen Radikalismus und Ästhetizismus, nämlich in dem Wunsch, eine Welt zu schaffen, die nicht nur ein wenig besser ist als die alte, sondern gleich eine von all ihrer Häßlichkeit befreite. Die Weigerung der Ästheten aber, Kompromisse zu schließen, macht sie zu Radikalen. Ästhetizismus wie Radikalismus müssen beide notwendig dazu führen, daß die Vernunft über Bord geworfen und durch eine verzweifelte Hoffnung auf Wunder ersetzt wird.

*

Hoffnung steht gegen Vernunft, Utopie gegen Resignation. Hat die Desillusionierung der siebziger Jahre uns aller Hoffnung auf Utopie beraubt? Ist unsere Krise, das, was eine Lösung zu verlangen scheint, vielleicht schon die Lösung?
(1983)

Quellennachweis

Seite 13
Architektur — die Kunst des Bauens. Rede zur Verleihung des Großen BDA-Preises an O.M. Ungers am 18. Juni 1987 in Bremen, in: *Der Architekt* 9/1987. Überarbeitet und erweitert

Seite 20
Abschied von der Architektur-Moderne? Einleitungsvortrag zum 10. Godesburger Gespräch des BDA mit dem Thema „Die Architektur der Moderne — ein unvollendetes Projekt?" am 26. November 1981, in: *Der Architekt* 2/1982, sowie in: *glasforum* 2/1986

Seite 35
Vortrag in der Reihe „Demokratie und Ästhetik", veranstaltet vom BDA mit dem Deutschen Architekturmuseum, 7. Juni 1984 in Frankfurt am Main, in: *Der Architekt* 7—8/1984

Seite 47
md — Internationale Zeitschrift für Einrichtungsberatung 3/1980 sowie in: *DAB — Deutsches Architektenblatt* 11/1980

Seite 55
Der Architekt 4/1983

Seite 68
Exposé 1987 für ein Themenheft über das „Lächeln in der Architektur" (Der Architekt 1988)

Seite 74
Schein und Sein. Über die Ehrlichkeit in der Architektur. *Der Architekt* 5/1985

Seite 81
Der Architekt 2/1988

Seite 88
Zeitgeist – Stil – Mode. Editorial. In *Der Architekt* 5/1987

Seite 90
Das Notwendige und das Freie. Einführung in das 13. Godesburger Gespräch des BDA zum Thema „Freiheit und Bindung in der Architektur" am 29. November 1984, in: *Der Architekt* 1/1985

Seite 92
Der Architekt 6/1984

Seite 101
public design. Jahrbuch zur Gestaltung öffentlicher Räume 1986, Gütersloh 1987

Seite 116
Wesen und Wandlung des Qualitätsbegriffs in der Architektur. Einführungsvortrag zum 15. Godesburger Gespräch des BDA mit dem Thema „Qualität von Architektur. Annäherung an einen unbestimmten Begriff" am 4. Dezember 1986, sowie in: *Der Architekt* 2/1987; *Halbjahreshefte der Deutschen Gesellschaft für christliche Kunst e.V.*, Heft 12–13, 1987

Seite 128
Die Utopie der nahen Zukunft. Architektur im Jahre 2003, hrsg. Ingeborg Flagge, Hamburg 1983

Hinweise zu den Abbildungen

Zeichnungen von Mitarbeitern:
S. 42, S. 86   Wilfried Golling
S. 43, S. 72, S. 114   Klaus Freudenfeld
S. 70, S. 71   Jürgen Zschornack

Modellbau:
S. 26, S. 28/29   Bembé, München
S. 73   Breuer, Aachen
S. 99, S. 113   Klaus Freudenfeld

Fotos:
S. 73   Algirdas J. Milleres, Aachen
S. 97   aus: wettbewerbe aktuell 5/87, S. 303

Bauwelt Fundamente

1 Ulrich Conrads (Hrsg.), Programme und Manifeste zur Architektur des 20. Jahrhunderts
2 Le Corbusier, 1922 – Ausblick auf eine Architektur
3 Werner Hegemann, 1930 – Das steinerne Berlin
4 Jane Jacobs, Tod und Leben großer amerikanischer Städte*
5 Sherman Paul, Louis H. Sullivan*
6 L. Hilberseimer, Entfaltung einer Planungsidee*
7 H. L. C. Jaffé, De Stijl 1917–1931*
8 Bruno Taut, Frühlicht 1920–1922*
9 Jürgen Pahl, Die Stadt im Aufbruch der perspektivischen Welt*
10 Adolf Behne, 1923 – Der moderne Zweckbau*
11 Julius Posener, Anfänge des Funktionalismus*
12 Le Corbusier, 1929 – Feststellungen
13 Hermann Mattern, Gras darf nicht mehr wachsen
14 El Lissitzky, 1929 – Rußland: Architektur für eine Weltrevolution*
15 Christian Norberg-Schulz, Logik der Baukunst
16 Kevin Lynch, Das Bild der Stadt
17 Günter Günschel, Große Konstrukteure 1
18 nicht erschienen
19 Anna Teut, Architektur im Dritten Reich 1933–1945*
20 Erich Schild, Zwischen Glaspalast und Palais des Illusions
21 Ebenezer Howard, Gartenstädte von morgen
22 Cornelius Gurlitt, Zur Befreiung der Baukunst*
23 James M. Fitch, Vier Jahrhunderte Bauen in USA*
24 Felix Schwarz und Frank Gloor (Hrsg.), „Die Form" – Stimme des Deutschen Werkbundes 1925–1934
25 Frank Lloyd Wright, Humane Architektur*
26 Herbert J. Gans, Die Levittowner. Soziographie einer »Schlafstadt«
27 Günter Hillmann (Hrsg.), Engels: Über die Umwelt der arbeitenden Klasse
28 Philippe Boudon, Die Siedlung Pessac – 40 Jahre*
29 Leonardo Benevolo, Die sozialen Ursprünge des modernen Städtebaus*

30 Erving Goffman, Verhalten in sozialen Strukturen*
31 John V. Lindsay, Städte brauchen mehr als Geld*
32 Mechthild Schumpp, Stadtbau-Utopien und Gesellschaft*
33 Renato De Fusco, Architektur als Massenmedium
34 Gerhard Fehl, Mark Fester und Nikolaus Kuhnert (Hrsg.), Planung und Information
35 David V. Canter (Hrsg.), Architekturpsychologie
36 John K. Friend und W. Neil Jessop (Hrsg.), Entscheidungsstrategie in Stadtplanung und Verwaltung
37 Josef Esser, Frieder Naschold und Werner Väth (Hrsg.), Gesellschaftsplanung in kapitalistischen und sozialistischen Systemen*
38 Rolf-Richard Grauhan (Hrsg.), Großstadt-Politik*
39 Alexander Tzonis, Das verbaute Leben*
40 Bernd Hamm, Betrifft: Nachbarschaft
41 Aldo Rossi, Die Architektur der Stadt*
42 Alexander Schwab, Das Buch vom Bauen
43 Michael Trieb, Stadtgestaltung*
44 Martina Schneider (Hrsg.), Information über Gestalt
45 Jörn Barnbrock, Materialien zur Ökonomie der Stadtplanung
46 Gerd Albers, Entwicklungslinien im Städtebau*
47 Werner Durth, Die Inszenierung der Alltagswelt
48 Thilo Hilpert, Die Funktionelle Stadt*
49 Fritz Schumacher (Hrsg.), Lesebuch für Baumeister
50 Robert Venturi, Komplexität und Widerspruch in der Architektur
51 Rudolf Schwarz, Wegweisung der Technik und andere Schriften zum Neuen Bauen 1926-1961
52 Gerald R. Blomeyer und Barbara Tietze, In Opposition zur Moderne
53 Robert Venturi, Denise Scott Brown und Steven Izenour, Lernen von Las Vegas
54/55 Julius Posener, Aufsätze und Vorträge 1931-1980
56 Thilo Hilpert (Hrsg.), Le Corbusiers „Charta von Athen". Texte und Dokumente. Kritische Neuausgabe
57 Max Onsell, Ausdruck und Wirklichkeit
58 Heinz Quitzsch, Gottfried Semper – Praktische Ästhetik und politischer Kampf
59 Gert Kähler, Architektur als Symbolverfall
60 Bernard Stoloff, Die Affaire Ledoux

61 Heinrich Tessenow, Geschriebenes
62 Giorgio Piccinato, Die Entstehung des Städtebaus
63 John Summerson, Die klassische Sprache der Architektur
64 G. Fischer, L. Fromm, R. Gruber, G. Kähler und K.-D. Weiß, Abschied von der Postmoderne
65 William Hubbard, Architektur und Konvention
66 Philippe Panerai, Jean Castex und Jean-Charles Depaule, Vom Block zur Zeile
67 Gilles Barbey, WohnHaft
68 Christoph Hackelsberger, Plädoyer für eine Befreiung des Wohnens aus den Zwängen sinnloser Perfektion
69 Giulio Carlo Argan, Gropius und das Bauhaus
70 Henry-Russell Hitchcock und Philip Johnson, Der Internationale Stil – 1932
71 Lars Lerup, Das Unfertige bauen
72 Alexander Tzonis und Liane Lefaivre, Das Klassische in der Architektur
73 Elisabeth Blum, Le Corbusiers Wege
74 Walter Schönwandt, Denkfallen beim Planen
75 Robert Seitz und Heinz Zucker (Hrsg.), Um uns die Stadt
76 Walter Ehlers, Gernot Feldhusen und Carl Steckeweh (Hrsg.), CAD: Architektur automatisch?
77 Jan Turnovský, Die Poetik eines Mauervorsprungs
78 Dieter Hoffmann-Axthelm, Wie kommt die Geschichte ins Entwerfen?
79 Christoph Hackelsberger, Beton: Stein der Weisen?
80 Georg Dehio und Alois Riegl, Konservieren, nicht restaurieren, Herausgegeben von Marion Wohlleben und Georg Mörsch
81 Stefan Polónyi, . . . mit zaghafter Konsequenz
82
83 Christoph Feldtkeller, Der architektonische Raum: eine Fiktion (in Vorbereitung)
84 Wilhelm Kücker, Die verlorene Unschuld der Architektur (in Vorbereitung)
85 Ueli Pfammatter, Moderne und Macht (in Vorbereitung)
86 Christian Kühn, Das Schöne, das Wahre und das Richtige (in Vorbereitung)
87 Georges Teyssot, Die Krankheit des Domizils (in Vorbereitung)
88 Leopold Ziegler, Florentinische Introduktion

---

*vergriffen

Elisabeth Blum

Le Corbusiers Wege

Wie das Zauberwerk in Gang gesetzt wird

Architekturtheorie

Band 73 der Bauwelt Fundamente.
1988. 162 Seiten mit 83 Abbildungen

ARCHITEKTUR ■ BEI VIEWEG

Jan Turnovský

Die Poetik eines Mauervorsprungs

Essay

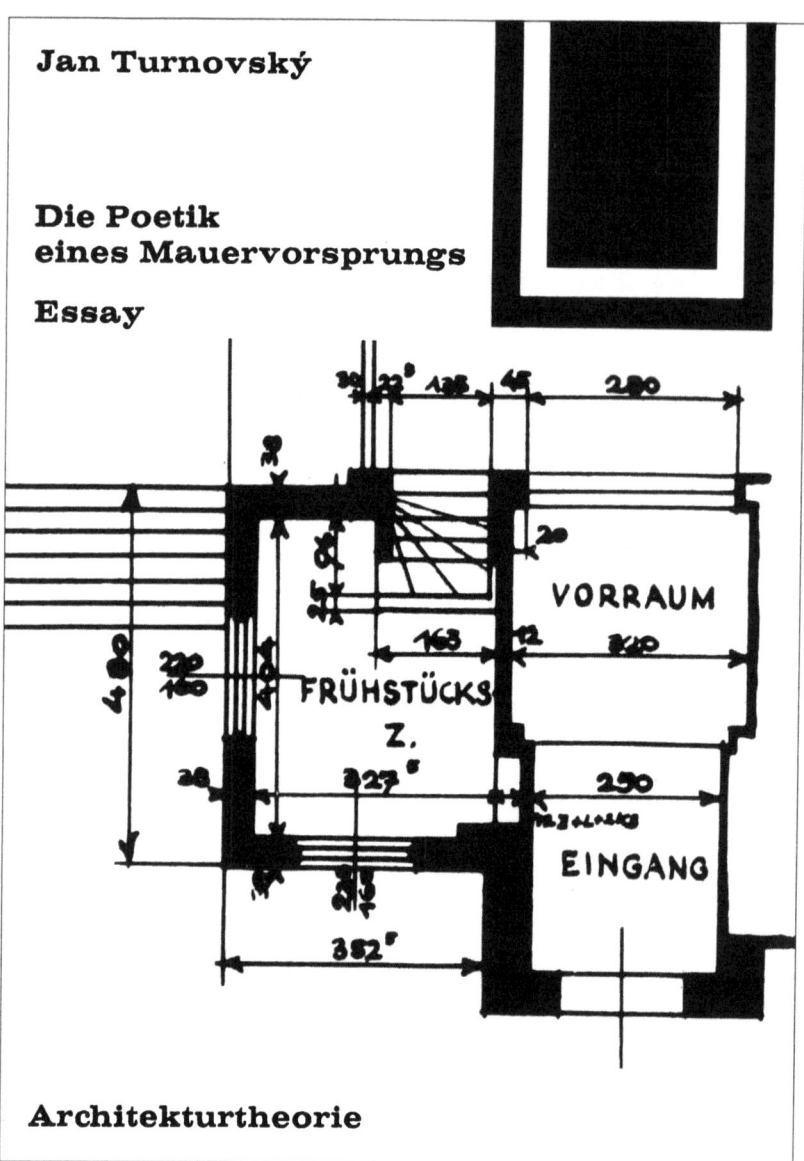

Architekturtheorie

Band 77 der Bauwelt Fundamente.
1987. 123 Seiten mit zahlreichen Abbildungen

ARCHITEKTUR ■ BEI VIEWEG

Bei Fragen zur Produktsicherheit wenden Sie sich bitte an:
If you have any questions regarding product safety,
please contact:

Birkhäuser Verlag GmbH
Im Westfeld 8
4055 Basel, Schweiz
productsafety@degruyterbrill.com